Wertekrise
Ursachen
Lösungen

BLITZ-Gedanken

Werner Blattert

Wertekrise

Ursachen

Lösungen

BLITZ-Gedanken

Alle Rechte liegen beim Autor
Herstellung: Books on Demand GmbH, Norderstedt
Blattert, Hatzfeld 2003

ISBN 3-8330-0738-9

Inhalt

Vorwort

Was rettet die Menschheit? Raffgier oder Verzichtfähigkeit? Egoismus oder Selbstlosigkeit? Unmoral oder Moral? Wir alle wissen: Raubtierverhalten verletzt oder tötet.

Der Mensch kommt nicht als unbeschriebenes Blatt zur Welt, sondern mit einer genetischen Grundausstattung: mit Trieben und Instinkten. Im Wechselspiel mit Bezugspersonen und Umwelt formen und verändern sich seine Einstellungen und Verhaltensweisen. Wohlstand verführt fortwährend zu Triebhaftigkeit. Einfühlungsvermögen, Menschlichkeit und Solidarität treten in den Hintergrund. Missachtet werden Natur, Umwelt, Dinge und Menschen. Die Stärke der Triebe: Nahrung, Sexualität, Macht, Aggressivität, Bewegung, einzeln und als Triebgemisch, beherrschen Verstand, Vernunft und Moral. Verführungsreize und Lustverhalten setzen sich durch. Hemmschwellen sinken. Materialismus: Verkauf, Kauf, Konsum, zieht in den Bann. Haben und Mehrhaben befriedigen nur kurzzeitig. Neue Reize stimulieren. Ein erneutes Streben nach Befriedigung beginnt. Bedürfnisbefriedigung schützt vor Maßlosigkeit nicht. Interessenrealisierung und Tricks siegen vor Ehrlichkeit. Misstrauen breitet sich aus. Macht und Übermacht, Aggressivität und Gewalt im Alltag und in den Medien dominieren. Wohlstand und Technik fördern Haltungen der Bequemlichkeit bei Kindern und Erwachsenen. Verwöhnungs- und Anspruchshaltungen nehmen zu. Aktivitäts- und Aggressionsstaus entstehen durch mangelnde körperliche Abreaktionen. Machtkonkurrenz zwischen Personen, Gruppen und Staaten, Allmachtsgefühle, Katastrophen, Krieg, Terror, Seuchen, Massenvernichtungs-

mittel und ein moralischer Notstand arten aus zur Bedrohlichkeit und - zur Krise der Werte.
Lösungen in Sicht? Einsicht, Verzichtfähigkeit und Verhaltensänderungen erhöhen die Chancen zur vernünftigen Umkehr. Toleranz zwischen Weltanschauungen und Religionen würde die Tugend der Friedfertigkeit stärken.

Kinder in der Welt   12.12.02

Das Kinderhilfswerk der Vereinten Nationen (UNICEF) hat gestern den „Bericht zur Lage der Kinder in der Welt 2003" vorgestellt. Das Ergebnis: Jedes vierte der 2,1 Milliarden Kindern auf der Erde zwischen 8 und 12 Jahren wächst in absoluter Armut auf, ihr Leben wird durch mangelnde Schulbildung, Krankheiten und Ausbeutung bestimmt. Den meisten fehlt jegliche Möglichkeit, ihre Zukunft mitzugestalten. Die Mehrzahl hat das Vertrauen in die demokratischen Institutionen verloren. Laut „Kinderreport Deutschland" ist unsere Gesellschaft extrem kinderunfreundlich. Ein Drittel nimmt Beruhigungsmittel und andere Medikamente. Ein Viertel leidet unter Allergien. Alkohol- und Zigarettenkonsum beginnen teilweise mit dem zehnten Lebensjahr. Verkehrsunfälle sind Todesursache Nummer eins.
Schon die Jüngsten wachsen wie kleine Erwachsene mit Terminkalender auf. Die Konflikte der Eltern erleben sie hautnah. Medien werden ungefiltert konsumiert. Die Folgen: Schlafstörungen, Stressreaktionen, Aufmerksamkeitsstörungen, Aggressionen. In Europa und Zentralasien meinen nur vier von zehn Kindern, mit Wahlen die Situation in ihrem Land verbessern zu können.
Die Lebensumstände für Kinder in Deutschland sind weitgehend unnatürlich und damit bedrückend. Bevor

Kinder in die Schule kommen, sind schon wichtige Gewohnheiten und Verhaltensmerkmale aufgebaut.

Und die Hintergründe? Fertignahrungsmittel, bequem zuzubereiten, und Essgewohnheiten begünstigen eine teils ungesunde Ernährung. Eine Überbetonung des Konsums (Medien, Waren), die Technisierung des Haushalts fördern Passivität und mindern Anstrengungsbereitschaft.

Mangelnde Bewegung führt zu Energiestaus, die die Aggressionsbereitschaft erhöhen. Ein Teil der Eltern stellt zu früh, zu hohe Erwartungen. Ein Teil vernachlässigt ihre Kinder. Es fehlt sozusagen in der „Mitte" ein Gleichgewichts- und Geborgenheitsrhythmus. Emotionale Zuwendung und stetige Gesprächsbereitschaft sind für Konfliktlösungen notwendig. Millionen zerrüttete Beziehungen gehen zu Lasten der Kinder. Weitverbreitete Erziehungsunsicherheiten verhindern eine Erziehung nach vernünftigen Wertvorstellungen. Unehrlichkeiten und Tricks der Vorbilder in Gesellschaft, Politik und Wirtschaft bewirken in Kindern ein zu hohes Potential an Misstrauen. Die Entwicklung sozialer Fähigkeiten setzt voraus, dass sich Eltern Zeit nehmen. Entscheidungsfähigkeit kann nur gelernt werden, wenn Kinder bereits in der Familie mitwirken und mitbestimmen können. Das sind die hauptsächlichen Ursachenbereiche, die zu der dramatischen Situation von Kindern in Deutschland führten.

Lösungshilfen: Aus den beschriebenen Ursachen ergeben sich Möglichkeiten der Veränderung. Besonders bedeutsam scheint mir, dass sich Eltern und Bezugspersonen vor allem Zeit nehmen: für impulsgebende Anregungen, gemeinsame Aktivitäten und demokratische Mitwirkungsmöglichkeiten. Absprachen und Erziehungsziele nach grundlegenden Wertmaßstäben sind notwendig.

Förderung von Neugierde, Aggressionskontrolle, Anstrengungsbereitschaft, Ehrlichkeit sind Beispiele für solche Werte.

Zunehmende Gewalttaten   22.05.03

Die Gesamtzahl aller Straftaten in Deutschland wuchs 2002 auf rund **6,5 Millionen.** Das waren etwa zwei Prozent mehr als im Jahr zuvor.

Die Zahl der Gewalttaten stieg um gut fünf Prozent auf mehr als 197 000. Der Anstieg bei Vergewaltigung und sexueller Nötigung betrug ungefähr neun Prozent. Die Zahl erfasster Delikte im Bereich Taschendiebstahl wuchs um knapp elf Prozent. Gefährliche und schwere Körperverletzung nahmen um 5,5 Prozent zu, Raubdelikte um drei Prozent. Die Zahl der Fälle von Mord und Totschlag stieg nur leicht an. Diebstahl bei Wohnungseinbrüchen sank um rund drei Prozent, bei Kraftwagen um etwa sechs Prozent.

Im vergangenen Jahr wurden 134 545 Kinder unter 14 Jahren als tatverdächtig registriert. Das waren 5,9 Prozent weniger als 2001. Bei den Jugendlichen zwischen 14 und 18 Jahren wurde ein Rückgang um 0,4 auf 297 881 festgestellt.

Das geht aus einem Bericht zur Kriminalstatistik hervor, den Bundesinnenminister Otto Schily (SPD) kürzlich vorstellte.

Mädchen   23.06.03

Von der Jugendkriminalität werden bundesweit mehr und mehr Mädchen erfasst. Ihr Anteil beträgt inzwischen etwa ein Viertel. Ihre Gewaltbereitschaft, in Gangs auftretend, steigt.

Alltagsmoral 25.06.03

Nach einer europaweiten Erhebung liegt die Alltagsmoral der Deutschen unter dem europäischen Schnitt. Den meisten bereiten keine Gewissensbisse: Schneller als erlaubt zu fahren, fälschlicherweise erhaltenes Wechselgeld zurückzugeben, Steuern zu hinterziehen, das eine oder andere mitgehen zu lassen.

Menschenhandel 27.06.03

Nach Medieninformationen schaffen in Deutschland etwa eine halbe Million Frauen an. Rund die Hälfte kommt aus dem Ausland. Sie werden durch Menschenhändler hier zum Kauf angeboten. Ein brutales Milliardengeschäft.

Blitzgedanken

beruhen auf spontanen Einfällen. Sollten sich einige Fehler eingeschlichen haben, möge man mir verzeihen.

Abfall

Aktion Saubere Landschaft   10.04.02

Aktion Saubere Landschaft steht beispielhaft für unsere verschwenderische Konsum- und Wegwerfgesellschaft. Eine vermüllte Landschaft, diverse Verschmutzungen allerorten (Haltestellen, Schulhöfe, öffentliche Plätze und Nischen, ...) ist für viele Mitbürger fast schon selbstverständlicher Alltag, und zwar nach dem Motto: Ärgerlich, aber sowieso nichts zu ändern.

Nach Großveranstaltungen, auf Parkplätzen, Autoraststätten usw. ist die Vermüllung katastrophal gesteigert. Es gibt Länder, deren Bevölkerung deutlich stärker um Ordnung bemüht ist als bei uns.

Die Problematik beginnt frühzeitig. Kinder können zuhause keine Ordnung erzielen, weil sie von allem zuviel haben: Spielsachen, Nahrung, Kleidung,... Wie selbstverständlich bleiben Dinge irgendwo liegen. Der erzieherische Einfluss bleibt oft ohne nachhaltige Wirkung.

So entsteht ein Entwertungsbewusstsein. Das bedeutet: Das Gefühl für den Wert von Dingen nimmt ab (zuhause, im Kindergarten, in der Schule und in der Öffentlichkeit). Erwachsene sind ebenso nachlässig beteiligt.

Fühlt sich jemand unbeobachtet, fällt es ihm umso leichter, irgendetwas fallen zu lassen oder wegzuwerfen. Viele stört schon nicht mehr die Anwesenheit eines anderen, um seinen Abfall ohne Hemmungen loszuwerden.

So entstehen regional und national überflüssige Kosten für die Entsorgung, die letztlich die Allgemeinheit tragen muss. Schlimmer noch die Kettenreaktion im

Bewusstsein und im Verhalten: Da liegt schon was, dann werf` ich's dazu. Die leichtfertige Wegwerfhaltung breitet sich auf diese Weise mehr und mehr aus und nimmt auch auf anderen Ebenen zu.

Die Mentalität des Wegwerfens infiziert die menschlichen Beziehungen. Man befreit sich von einem Menschen gleichsam wie von überflüssigen Dingen, auf die man keinen Bock mehr hat.

Lösungsansatz: Eine wirkungsvolle Verbesserung der Gesamtsituation kann nur einigermaßen zufriedenstellend gelingen, wenn alle -jeder ist betroffen- nicht in ihrem Bemühen nachlassen:

In den Erziehungsinstitutionen das Angebot an Dingen reduzieren und dosieren. Nicht so: Man bedient sich nach eigenem Ermessen.

Häufige Gespräche, warum sorgsamer Umgang notwendig ist.

Spürbare Konsequenzen, wenn Dinge achtlos weggeworfen oder beschädigt werden.

Abwertung des Menschen

Eiskalte Vertechnisierung der Menschwerdung   28.12.02

Die Möglichkeit, einen Menschen unbegrenzt zu kopieren, öffnet die Tür zur Entwertung des Menschen: Das ist die eigentliche Herabwürdigung der Einmaligkeit.

Was erleichtert das ethische und moralische Überschreiten von Hemmschwellen? Konkurrenz zwischen Wissenschaftlern und Gentechnikern nach dem Prinzip: Wer ist der Erste. Eitelkeiten, Medienaufmerksamkeit, Machtbedürfnisse und Allmachtsphantasien entscheiden über das wetteifernde Vorwärtsdrängen – bis zur Abartigkeit des Klonens. Vorteilsgründe, scheinheilig vorgeschoben, dienen als fadenscheinige Rechtfertigung. Die bisherige Erfahrung mit Tieren zeigt: Eine hohe Zahl von Fehlgeburten und Fehlbildungen. Dies wird zunächst beim Menschen nicht anders aussehen. Verbesserte Methoden minimieren in Zukunft Anfangsschwierigkeiten. Und was folgt? Ein Horrorszenario könnte so aussehen: Man sucht und findet, gegen Bezahlung, einen bereitwilligen Menschen mit den hervorstechenden Eigenschaften: Machtbewusst, aggressiv und intelligent. Nun bietet man einen potentiellen Klon als Ware an. Ist ein Käufer gefunden, wird geklont. Erneut kopiert. Die Geschichte lehrt: Versklavung des Menschen aus Interessen demütigt. Die ehemals Gedemütigten könnten zu Revolutionären werden.

Das Relativieren und Überschreiten natürlicher und ethischer Normen hat weltweit dramatisch zugenommen. Stichwort: Selbstmordattentate und Terrorismus. Die eiskalte Vertechnisierung der Menschwerdung erniedrigt den Menschen zum inflationären Unwert. Die Identifizierung im Entwicklungsprozess mit der leiblichen Mutter und dem leiblichen Vater droht als gesunde Normalität verloren zu gehen. Die psychischen Folgen eines Klons könnten unabsehbar und: therapieresistent sein.

Geltungssüchtige Wissenschaftler sind für die Menschheit gefährlicher als Normalbürger.

Alltagsbelastung

Extreme Alltagsbelastungen   28.06.02
eines Lehrers in einer Hauptschulklasse

Aufstehen. Frühstück. Fahrt zum Arbeitsplatz: Mittelpunktschule einer Kleinstadt. Vor Verlassen der Wohnung Konflikte mit den eigenen Kindern. Stimmungstief.

Ich gehe über den Schulhof. Schüler Frank rennt auf mich zu: Michael aus Ihrer Klasse hat mir ein Bein gestellt. Hol ihn mir bitte! Frank läuft zu ihm und spricht ihn an. Dieser geht nicht mit. Blickkontakt. Winke ihn zu mir. Er kommt zögerlich. Nun: Konfliktauseinandersetzung. Ergebnis: Michael ist gereizt.

Ich gehe ins Lehrerzimmer. Der Schulleiter kommt auf mich zu. Guten Morgen, Herr A.! Eine Mutter rief mich gestern Nachmittag an und hat sich über die Note in der Deutscharbeit beschwert. Können wir dies in der großen Pause besprechen?

Einige Stressfaktoren bereits vor Beginn der eigentlichen Arbeitszeit.

Es klingelt zur 1. Unterrichtsstunde. Ich gehe Richtung Klassenraum. Vor der Eingangstür im Flur prügeln sich zwei Schüler. Ich gehe dazwischen und schlichte. Wer sind die Beteiligten? Frank (Klasse 6) und Michael aus meiner Klasse (Klasse 8). Kurzes Konfliktgespräch.

Die Schüler drängen in ihren Klassenraum. Beginn des Unterrichts in einer Hauptschulklasse. Der aggressiv aufgeladene Michael reißt lautstark seinen Stuhl vom Tisch auf den Boden. Andere ahmen ihn nach. Krach und Unruhe. Ich beginne meinen Unterricht. Gerede hier, Gerede dort. Schüler A öffnet zischend eine Coladose, Schüler B beißt genüsslich in eine Käsestange,

Schüler C schreibt noch rasch seine Hausaufgaben zuende, Schüler D betritt verspätet den Klassenraum und imponiert provokativ durch Körpersprache usw.
Wie werden die folgenden 5 Unterrichtsstunden verlaufen (in Bezug auf unkontrolliertes Schülerverhalten) ?
Selten eine Minute ohne Geräusche, selten eine Minute ohne Störungen. Häufig pubertäre Herausforderungen (gegenüber Schülern und Lehrern). Unlustäußerungen. Arbeitsverweigerungen. Konzentrationsschwierigkeiten. Gewalttätigkeiten gegenüber Mitschülern und Material. Die psychischen (z.B. Geräuschempfindlichkeit) und körperlichen (z.B. schnelle Ermüdbarkeit) Auswirkungen der täglichen Belastungen werden je nach individueller Struktur unterschiedlich negativ empfunden. Der eine wird frühzeitig krank, der andere nicht.
Das Ausmaß der Belastungen ist von zahlreichen Faktoren abhängig:
Sensibilität: wie wirkt Stress, wie wird er verarbeitet und abgebaut? Beispiele: Misserfolgserlebnisse, Geräuschpegel. Autoritätsverunsicherungen (auch durch Eltern).
Aggressionsbereitschaft der Schüler einer bestimmten Klasse. Klassengröße. Altersstufe (z.B. Pubertät). Aggressionspotential der gesamten Schüler einer Schule. Größe der Schule. Anzahl der Konferenzen und Elternversammlungen. Verhalten des Schulleiters, der Kolleginnen und Kollegen, der Eltern, usw.

Anarchie

In Chaos gibt es kein Mitempfinden   11.04.03

Plünderungen sind die Rache und die Macht des Volkes in der Anarchie. Wo Iraks Truppen abziehen, herrscht Faustrecht

Raubtier-Verhalten, Rauben aufkosten des anderen, ist Stammeserbe und bei allen Menschen zu beobachten. Bereits Kleinkinder nehmen dem anderen instinktiv Nahrung und Dinge weg. Ein solches Verhalten diente ursprünglich dem Überleben in der Natur. Durch Krieg, Unterdrückung, Armut, also in Ausnahmesituationen, steigert es sich zur Barbarei, nach dem Prinzip: Jeder ist sich selbst der nächste. Krieg mobilisiert die Triebdynamik des Überlebens. Wertmaßstäbe geraten aus dem Gleichgewicht. Chaos entsteht: äußere und innere Unordnung. Die Herrschaftsform der Unterdrückung, im Frieden, verlangte Selbstkontrolle: aus Angst vor Bestrafungen durch das Regime. Beseitigen Invasoren eine Diktatur, bewirkt Befreiung - Entfesselung aggressiv aufgestauter Impulse. Sie entladen sich vorerst in Zügellosigkeit. In der Anarchie gibt es kein Mitempfinden. Plünderer und Mörder denken nur an sich. Sie sind die gefährlichsten Egoisten im Kampf jeder gegen jeden. Lieber den anderen berauben und umbringen, als selbst untergehen. Die Befreier fördern das Chaos im Dschungel durch Nichtstun oder wahllos wildes Herumschießen. Übersteigerter Egoismus in Friedenszeiten äußert sich in anderen Formen: Raubtierkapitalismus ist die „feine Art" sich zu bereichern, indem Menschen und Gesellschaften hemmungslos ausgeplündert werden. Die reale Macht der Eliten wird zur Ohnmacht des Volkes.

Im Überlebenskampf nach dem Faustrecht, jeder gegen jeden, zählen allein physische, psychische und kognitive Fähigkeiten.

Anstrengung

Nachlassende Anstrengungsbereitschaft 04.12.01 bei Kindern und Jugendlichen

Die Schulleistungsstudie „Pisa" erbrachte besonders bei 15jährigen Schülern ein auffallend negatives Ergebnis. Ausgesprochen schwach waren die getesteten Schüler bei Aufgaben, die Denkfähigkeit abverlangten. Denken, je nach Schwierigkeitsgrad, setzt Anstrengung voraus. Gibt man angesichts eines Problems zu schnell auf, gelangt man nicht zur richtigen Lösung. Warum hat die Anstrengungsbereitschaft, der Wille zur Anstrengung, bei Kindern und Jugendlichen deutlich nachgelassen?
In dem Spannungsverhältnis zwischen der Bereitschaft zur Problemlösung oder der Möglichkeit, der Anstrengung aus dem Wege zu gehen, entscheidet sich derzeit ein zu großer Anteil der Schüler für den letzteren, den leichteren Weg.
Wie entsteht bzw. wie ist eine Haltung der Anstrengungsvermeidung entstanden? Ein wesentlicher Ursachenbereich ergibt sich aus der Frage: Unter welchen Umweltbedingungen wachsen Kinder in unserer überflussbetonten Ego-Gesellschaft auf?
Es findet eine ständige manipulative Reizüberflutung durch Medien, Werbung, Konsum, ... statt. Von klein auf setzen Kinder ihren Eltern, Bezugspersonen usw.

gegenüber ihre Verwöhnungsinteressen mehr oder weniger erfolgreich durch. Beispiel: Eine bestimmte Fernsehsendung zu konsumieren, erfordert weniger Anstrengung als Hausaufgaben anzufertigen. In solchen oder anderen Alternativen baut sich so die Verwöhnungshaltung der Anstrengungsvermeidung auf. Pflichten werden dann zugunsten spaßbetonter Interessen vernachlässigt (siehe Spaßgesellschaft).

Die so entstandenen Spaß- und Verwöhnungshaltungen bringen Kinder und Jugendliche dann sozusagen mit in die Schule. Lehrer, die wichtige Kenntnisse unter Umständen übend vermitteln wollen, was Anstrengung bedeuten kann, stoßen dann auf energischen Widerstand: „Das ist langweilig, ich habe keine Lust!"

Unter dem Motto „Schule soll Spaß machen" sind Schulbehörde, Schulleiter, Lehrer und Eltern zu oft nachgiebig bereit, lernunbedeutende und lernfremde Einflüsse sich durchsetzen zu lassen. Das lenkt allzu sehr von der wesentlichen Aufgabe von Schule ab.

Lösungsansätze sollten an folgenden Punkten beginnen: Elternhaus und Schule müssen frühzeitig bemüht sein, Verwöhnungssituationen (trotz ungünstiger Umwelteinflüsse) zu reduzieren und Lerndisziplin zu stärken: Anstrengungsbereitschaft und Anstrengungsverhalten.

Anstrengungsbereitschaft

Erziehung zur Anstrengungsbereitschaft   25.06.02
Praktische Vorschläge
Voraussetzung: Eltern und Kind sollten sich ausdauernd und nachhaltig um eine emotionale und sprachliche Kommunikation bemühen. Extreme kommunikative Vernachlässigungen dürfen nicht langandauernd eintreten.
Vernünftig grenzziehende Einschränkungen im Verwöhnungsprozess:
Ein sattes Tier ist träge gelangweilt. Ein hungriges sucht aktiv nach Nahrung.
Der Mensch in unserer Überflussumwelt muss nicht nach Nahrung suchen wie ein Lebewesen in der Natur. Er kauft sie. Die Technik (Auto, Maschinen, wie Geschirrspüler, Wasch- und Bügelmaschine usw.) entlastet ihn von körperlicher Arbeit. Sie ist Mittel zur schnelleren Bedürfnisbefriedigung. Folge: Bewegungsmangel, ein Überschuss an Bewegungsenergie. Ein gestautes Bewegungspotential führt zu erhöhter Aggressionsbereitschaft. Nebenbei: Übersteigerter Medienkonsum begünstigt hyperaktives Verhalten, und zwar aufgrund von körperlsicher Inaktivität.
Was tut not? Also: Mehr Bewegung, um gespeicherte Energie abzureagieren.
Wenige Beispiele: Verhindern, dass Kinder stundenlang vor dem Bildschirm sitzen. Praktische Aktivitäten: Spiel und Sport. Helfen im Haushalt und Garten. Dinge vermehrt zu Fuß oder mit dem Fahrrad erledigen.
Nicht nur essen, wozu man augenblicklich Lust verspürt, sondern auch das, was zuerst gegessen werden muss (weil schon älter). Einschränkung des Konsumverhaltens: Während des Einkaufens auf unnötige Wunscherfüllungen

verzichten. Nicht fortwährend haben wollen, was man sieht. Nicht alles muss trendy sein.

Sorgsamer Umgang mit Dingen: Die Wegwerfmentalität (in Bezug auf Nahrungsmittel, Dinge des täglichen Bedarfs: Kleidung, Schuhe, Schreib- und Malstifte, Hefte und vieles mehr) ist allerorten erschreckend sichtbar. Beschädigungen oder Zerstörungen dürfen nicht akzeptierend hingenommen werden.

Sanktionen sind erforderlich: ein strenger Blick, eine tadelnde Bemerkung, eine angemessene Bestrafung. Auf positives Verhalten sollte entsprechend reagiert werden: eine freundliche Geste, eine lobende Reaktion.

Wenn auf Fehlverhaltensweisen situationsangemessen negativ reagiert wird, entstehen innere Barrieren, die man als Hemmungen oder Schulgefühle bezeichnet. Sie führen zu einem eher selbstkontrollierenden Verhalten.

Verstärkt das Elternhaus Verhaltensweisen der Anstrengungsbereitschaft positiv, das heißt, wird Anstrengungsverhalten gelernt, erhöht sich die Wahrscheinlichkeit von Lerndisziplin. Mit anderen Worten: Können Kindergarten und Schule auf familiär erworbenem Anstrengungsverhalten aufbauen, werden sie feststellen, dass Lernerfolge leichter zu erzielen sind. Nullbockmentalität und Störverhaltensweisen kommen seltener vor.

Bedingung ist allerdings ein Lehrerverhalten, das solche Voraussetzungen zu nutzen versteht.

Ärzte

Uralte Privilegienzöpfe müssen   **17.01.03**
abgeschnitten werden - Aufklärung durch Offenheit

AOK deckte Betrug auf: Ärzte kassierten für Tote –
Tausende Fälle deutschlandweit.
Ärzte werden nicht weniger vom materialistischen
Mehrhabentrieb bestimmt als der Normalbürger. Nachträgliches Kassieren – für Tote – ist schauerlich.
Geschäfte, so denkt man, sind makabres Primärmotiv.
Misstrauen die Folge. Heilungsprozesse in der Beziehung Patient-Arzt sind auch vom Vertrauen abhängig.
Die Standesvertretungen der Ärzte waren in der Vergangenheit in der Interessensdurchsetzung ihrer Klientel überaus erfolgreich. Ging es um Einsparungen im
Gesundheitswesen mussten sie keine wirklich schmerzlichen Einschnitte verkraften.
Durch die dunkle Abrechnungspraxis werden Ärzte
regelrecht zu Betrügereien verführt. Der Pflichtversicherte erhält als Kontrolle für erbrachte Leistungen
keine Rechnung. In keinem anderen wirtschaftlichen
Bereich ist dies der Fall. Ein Privileg!
Privat Versicherte dagegen erhalten eine Rechnung. Bei
einem Privatpatienten kann der Arzt frei entscheiden,
ob er den einfachen, doppelten, ...Steigerungssatz einer
Leistung berechnet. Beispiel: 100 x 1=100; 100 x 2=200;
100 x 2,3=230. In meinem Bekanntenkreis habe ich in
den letzten Jahren beobachten können, dass fast alle
Ärzte den Höchstsatz in Rechnung stellen. Ein weiteres
Privileg! Privatpatienten erleben: Leistungen von wenigen Minuten Dauer (Materialkosten eingeschlossen)
können durchaus rund 150 Euro kosten. Ein zusätzliches
Privileg! Nachvollziehbare Abrechnungspraxis ist der

erste Schritt zur Offenlegung und Überprüfung und zu einer Reform im Gesundheitswesen.

Auffälligkeiten

Auffälligkeiten bei Kindern – erschreckend!

09.01.03

Bei Kindern nehmen Sprach- und Verhaltensstörungen zu. Jedes zweite Kind hat mindestens eine Auffälligkeit. Das ist das Ergebnis der Schuleingangsuntersuchung in Hessen (2001: 57,5%. 2000: 56,2%). Dies entspricht bundesweitem Trend. Liegt darin etwas Positives? Nicht für die betroffenen Kinder und Eltern.
Es bestehen Chancen der Verbesserung, wenn daraus Verhaltenskonsequenzen entstehen. Körperliche und seelische Gesundheit steht in wechselseitigem Zusammenhang und ist vom Umfeld abhängig.
Lebensbedingungen und Erziehung von Kindern verdeutlichen unnatürliche und ungesunde Strukturen: Falsche Ernährungsgewohnheiten schon beim Kleinkind.
Mangelnde oder übertriebene emotionale Zuwendung. Es fehlt ein Gleichgewichtsrhythmus. Vernachlässigung von Sprach- und Bewegungsaktivitäten. Passivität. Neugierverhalten wird durch ausuferndem Medien- und Warenkonsum unterdrückt. Medien- und Warenkonsum ersetzen Elternverantwortung. Aggressivität wird geduldet. Unsoziales Verhalten begünstigt. Kinder sind mit der Durchsetzung von Interessen überwiegend erfolgreich. Das sind wesentliche Hauptstrukturen.
Auffälligkeiten in der Familie (als Kleingruppe) fallen weniger negativ ins Gewicht. In Kindergarten und

Schule äußern sie sich oftmals als Verhaltensstörungen. Warum? Hier wird soziales Verhalten in größeren Gruppen/Klassen abverlangt: Ruhe, Konzentration, Rücksicht, Einfühlungsvermögen, Anstrengungsbereitschaft. Ohne Korrekturen im Umfeld und im Erziehungsverhalten wird es keine Verbesserung der Situation von Kindern geben.

Autorität

Geltungsbedürftige Medieneleganz   11.12.02
ist eine Eigenschaft, führungsstarkes
Regieren eine andere – Entstehung und Verfall
von Autorität

Das Ansehen von Bundeskanzler Schröder bei der eigenen Parteibasis ist angekratzt.
Wie entsteht Autorität? Durch Führungs-Stärke. Was beinhaltet: Ziele vorgeben, verfolgen und durchsetzen. Glaubwürdigkeit durch Ehrlichkeit. Berechenbarkeit im Reden und Handeln. Mut.
Wie verfällt Autorität? Durch Führungs-Schwäche. Was beinhaltet: Ziellosigkeit. Unglaubwürdigkeit durch Unehrlichkeit. Unsicherheit. Untergraben der Führungsstärke durch Nebenführer. Mutlosigkeit.
Während der Koalitionsverhandlungen der rot-grünen Regierung wurden Einschnitte und Abstriche für den Bürger deutlich. Unmut kam hoch. Schmerzliche Wahrheiten waren vor der Wahl verschwiegen worden. Antistimmungen breiteten sich aus. Der Ansehensschwund der Kanzlerautorität begann.

Aggressivüberladene Sprache der Opposition und der Medien verstärkten den Prozess des Verlusts an Autorität.

Die Wohlstandsbürger mit ihren Wohlstandsinteressengruppen fürchteten Wohlstandsverlust. Verzichtbereitschaft? - kam nicht in Frage. Weit und breit keine Lösungen in Sicht. Ein vielstimmiger Chor der Vorschläge und des Protests entstand. Regierungschaos, Autoritätsverfall.

Das Führungsprinzip, Führungserwartung und Führungshandeln, ist in den Genen des in Gruppen lebenden Säugetieres Mensch gespeichert, seit Jahrmillionen. Bei Wölfen spricht man vom Rudel. Würde jeder Wolf bellen, als ob er der Führer wäre, zerfiele die Autorität des zielgebenden Alphatieres. Der Umgang eines Regierungschefs mit einer wohlstandsverwöhnten Bevölkerung, der man Verzicht abverlangen muss, ist in drückenden Zeiten besonders schwer. Und noch schwieriger in einer Mediengesellschaft, die den um sich greifenden Pessimismus übertreibend verstärkt.

Schröder hat zu lange geglaubt, wenn man sich, narzisstisch gefallend, in den Medienmittelpunkt rückt, genüge dies. Geltungsbedürftige Medieneleganz ist eine Eigenschaft, führungsstarkes Regieren eine andere!

Autoritätsverfall des Bundeskanzlers: 16.11.02
Medienstärke ohne Führungskraft -
Mediendominanz und Medieneleganz sind nicht
ausreichend

Das Total-Hick-hack der letzten Wochen hat an den Führungseigenschaften des Kanzlers grundlegend zweifeln lassen. Sein medienwirksames Auftreten während der Jahrhundertflut ist vorbei und längst vergessen.

Damals erfüllte er die Erwartungshaltung „Führungsstärke". Oder war es nur „Medienstärke" ohne die Fähigkeit zur Führung? Wollte er, wie so oft, nur sein Geltungsbedürfnis durch Medienpräsenz befriedigen?

Die zahlreichen Unehrlichkeitstricks der Regierung in den zurückliegenden Monaten und die bevorstehenden materiellen Belastungen der Bürger haben den Prozess des Zerfalls seiner Autorität verstärkt.

Menschen fallen glücklicherweise auf Äußerlichkeiten nur begrenzt herein. Sind sie spürbar bis bedrohlich betroffen, werden in ihnen natürliche Kräfte aktiviert, mit der jede Regierung rechnen muss: Innere Erregung kann rasch in äußere umschlagen!

Babymord

Eine Mutter ermordete   26.02.03
ihre beiden Babys - Hatte sie selbst eine gestörte Mutter-Beziehung?

Wegen Mordes an ihren beiden Babys wurde die ehemalige Sozialpädagogik-Studentin Nicole D. aus Hildesheim zu lebenslanger Haft verurteilt.

Das Gericht befand: Sie habe aus niedrigen Beweggründen getötet. Sie wolle durch ein Kind die Beziehung zu ihrem Freund nicht gefährden. Mitleid mit ihren Kindern sei nicht erkennbar gewesen. Mildernde Umstände kämen nicht in Betracht. Es sei von einer vollen Schuldfähigkeit auszugehen.

Infantizid (Kindstötung) ist bei Naturvölkern nur dann zu beobachten, wenn die Ernährung aus Gründen der Bevölkerungskontrolle nicht gewährleistet ist. Aufgrund der emotionellen Bindung zwischen Mutter und Kind kommt eine solche Tat nur äußerst selten vor.

Ein derartig grausam gefühlloses Verhalten widerspricht völlig unserem natürlichen Empfinden. Daher fragt man sich unwillkürlich: Wie kann ein Mensch dazu fähig sein? Gibt es in der Lebensgeschichte der jungen Frau irgend welche Einflüsse, die die Tat mitbedingten?

Sich in die Gefühlslage der Täterin zu versetzen, ist nur unvollkommen möglich. Niemals lässt sie sich wirklich nachvollziehen. Das Gefühl des Mitempfindens scheint in ihrer Psyche verlorengegangen zu sein. War es jemals vorhanden?

Vielleicht hatte sie selbst eine gestörte Mutter-Beziehung: ungeliebt und abgelehnt. Aus welchen Gründen vollzog sie im Interesse ihrer Kinder keine Trennung von ihrem Freund? Welches sind die tieferen Beweggründe ihrer Angst? Angst davor, ihr Kind nicht lieben zu können? Angst vor der Ablehnung durch ihren Freund? Angst vor einer materiellen Notsituation? Sie hatte vielleicht nur Angst vor sich selbst, mit einer solchen Situation nicht fertig zu werden. Hatte sie überhaupt die Willenskraft, sich für ihre Kinder und gegen den Freund zu entscheiden? Verbirgt sich hinter den Morden ein auswegloser Konflikt oder wäre er lösbar gewesen?

Oder ist ihre Persönlichkeitsstruktur lediglich ein Produkt der Verwöhnungs- und Überflussgesellschaft, in der man von klein auf erfährt, dass man das, wozu man keine Lust hat, was anstrengt, gewissenlos leichtfertig entsorgt?

Bequemlichkeit

Kinder immer dicker 22.07.02
Jeder vierte Student ohne Uni-Abschluss

Bildung fliegt einem nicht einfach so zu.

In Deutschland leben rund 18 Millionen Kinder. Jedes fünfte Kind ist übergewichtig. In den vergangenen 15 Jahren hat sich der Anteil dicker Kinder mehr als verdoppelt. Bis zum achtzehnten Lebensjahr verbringen Kinder sitzend etwa 18 000 Stunden vor einem Bildschirm und 15 000 in der Schule. Jeder vierte Student verlässt die Hochschule ohne Abschluss.

„Bildung fliegt einem nicht einfach so zu", wie der Präsident des DIHK (Deutscher Industrie- und Handelskammertag), Herr Braun richtig bemerkt. Er sieht die gegenwärtige Leistungsschwäche von Schülern, ebenso wie ich, in mangelnder Anstrengung und mangelndem Durchhaltevermögen.

Zu viele Eltern bevorzugen den Weg der erzieherischen Bequemlichkeit. Mitverantwortlich für falsche Ernährung und übertriebenen Bildschirmkonsum sind nicht nur die industriellen Anbieter. Fertignahrung ist einfacher und steht schneller auf dem Tisch. Bildschirmsucht einzuschränken, verursacht Konflikte. Zuwendung, Gesprächsbereitschaft und Geborgenheitsrhythmus sind erheblich aus dem Gleichgewicht.

Von den Studienabbrechern werden als wesentliche Gründe finanzielle und Motivationsprobleme genannt. Ich habe wöchentlich mit Studenten zu tun. Die Hauptgründe beschreibe ich tendenziell so: Der Durchschnittsstudent besucht nur unregelmäßig seine Veranstaltungen. Sind die Anforderungen nach seinem subjektiven Empfinden zu hoch, gibt er zu schnell auf und verliert die Motivation. Die Hauptursachen liegen in ungenügendem Anstrengungsverhalten, das im Erziehungsprozess vernachlässigt wurde.

Wie erzieht man Kinder zu einem solchem Verhalten? Die Technik in Haushalt und Lebensumwelt erleichtert oder befreit weitgehend von körperlicher Arbeit. Das verführt Eltern und Kinder zu Bequemlichkeit. Es findet eine ungewollte Vernachlässigung von Anstrengungsbereitschaft und Arbeitsverhalten statt. An dieser Stelle muss Erziehung ansetzen: Bequemlichkeit überwinden, Kinder mobilisieren – auch wenn damit strapaziöse Konflikte verbunden sind. Durch Verringerung des Bildschirmkonsums z.B. lässt sich die freigewordene Zeit für praktisches Helfen und körperliche Aktivitäten einsetzen.

Bequemlichkeit und Anstrengung entsprechen unserer angeborenen Natur. Haben wir uns gesättigt, neigen wir zur Ruhe. Spüren wir Hunger, werden wir rege. In einer Bequemlichkeitsgesellschaft müssen wir unsere Kinder anspornen, damit sie zukunftsfähig werden.

Bildung

Schröder fordert nationalen Kraftakt für die Bildung   13.06.02

Bildung, so der Bundeskanzler, ist die „zentrale soziale Frage dieses Jahrhunderts." Sie erfordert eine „nationale Kraftanstrengung".

Jeder stimmt ihm mit kräftig nickendem Beifall zu. Ich ebenso. Ich denke nach:

Würde ich in meinem Unterricht, in Anbetracht störender Lernunwilligkeit, sagen: Anstrengungsverhalten ist die zentrale Frage des Unterrichtserfolgs, fände ich breite Zustimmung – ebenso bei denjenigen, die mit Anstrengung wenig „am Hut" haben.

Die erstrangige, unbequeme Frage der Bildung (des Unterrichts) muss lauten:

Wie schaffe ich die Voraussetzungen für Bildung (Lernerfolg)? Welche Hemm-Klötze sind vorhanden? Wie lassen sie sich wegräumen? Mit einem Klein- oder Großbagger Erde zu bewegen, ist einfacher.

Aufmerksamkeit erweckende Schlagwörter bewirken noch keine wirkungsvolle Verhaltensänderung! – weder auf Seiten der Eltern, Erzieher, Lehrer, Schüler, noch auf Seiten der Politiker.

Ein gemeinsames Leit-Lern-Ziel könnte, ja müsste lauten: Anstrengungsbereitschaft statt Verwöhnung! Abbau von Lernblockaden!

Zahlreiche Bildungsbarrieren ließen sich aufzählen. Einen Schwerpunkt, der nationale Kraftanstrengung abverlangt, nenne ich: Engste Kooperation und Erarbeitung gemeinsamer Erziehungsziele von Elternhaus, Kindergarten und Schule. Eine Stärkung des Anstrengungsverhaltens ist unter folgenden Voraussetzungen erreichbar: Vernünftig grenzziehende Einschränkungen im Verwöhnungsprozess. Dosierung und Reduzierung von Waren- und Medienkonsum. Wertachtender Umgang mit Dingen (z.B. Nahrung, Spielsachen, Kleidung und vieles mehr).

Aufbau von Hemmschwellen, Selbst- und Aggressionskontrolle. Fördern von Lerndisziplin. Bedingung: Zurückdrängen von Spaß-Inhalten (Erledigung von Pflichtaufgaben, die keine Lust bereiten, aber notwendig sind) und Spaß-Methoden (Lustbetontes darf nicht überwiegen).

Bildungsmisere

Praktische Reformvorschläge   26.06.02

Mein Reformkonzept wurde auf der Grundlage jahrzehntelanger Unterrichtserfahrungen, Schüler- und Elterngesprächen erarbeitet. Es kann hier nur stichwortartig vorgestellt werden.

Verzicht auf Mammutschulen: Kleine Schulen sind überschaubarer als große. Jeder kennt den anderen. Dadurch entsteht eine soziale Kontrolle, die Aggressionsverhalten stärker hemmt.

Mehr Ganztagsschulen: Kleine Klassen, kleine Lerngruppen.

Nationale Bildungsstandards: Gemeinsame Erziehungs- und Lernziele von Bund und Ländern. Grundstandards. Leistungsstandards. Qualitätskontrolle.

Beispiele: Erziehung zur Anstrengungsbereitschaft. Erziehung zur Selbst- und Aggressionskontrolle. Förderung der kognitiven, sozialen und emotionalen Fähigkeiten.

Kooperation von Elternhaus, Kindergarten und Grundschule:

Beispiele: Realisierung der nationalen Bildungsstandards (siehe oben).

Erziehung zur Wertachtung (Nahrungsmittel, Dinge, Mensch, Umwelt).

Vernünftige Dosierung von Waren- und Medienkonsum.

Begrenzung von Verwöhnungshaltungen.

Schule: Fortsetzung der nationalen Bildungsstandards (siehe oben).

Veränderung der Unterrichtsorganisation unter dem Gesichtspunkt Lerndisziplin und Lerneffektivität: Konzentration, Anstrengungsbereitschaft, Durchhaltevermögen, Ausdauer.
Stärkere Gewichtung der Kernfächer: Deutsch, Mathematik.
Sprachfähigkeit (Sprachkurse) als Voraussetzung für Unterricht.
Veränderung des Lehrerverhaltens: Wie muss das Lehrerverhalten modifiziert werden, um Lerndisziplin, Lerneffektivität, Interesse und Neugier zu erreichen?
Angebote für Eltern: Gespräche und Kurse über Erziehung. Wie kann man als Eltern sein Erziehungsverhalten ändern? Wie verhält man sich gegenüber seinem Kind angemessen?

Bildungsstandards

**Bildungsstandards –   19.02.03
eine zielgebende Orientierung**

Kann so ein zweites Pisa-Debakel vermieden werden?

Endlich eine gemeinsame Linie für die Zukunft: Nationale Bildungsstandards. Start im Schuljahr 2004/5. Jahrzehntelanges föderalistisches Hickhack – wird vorbei sein.
Erziehen Eltern übereinstimmend nach gemeinsamen Zielen, so wirkt sich dies für das Kind stabilisierend aus. Vergleichbar wirken gemeinsame Richtmaße für alle Schüler aller Bundesländer. Das bedeutet für die Zukunft: Der Wechsel von einem zum anderen Bundes-

land ist eine geringere Hürde. Schüler und Eltern wissen die Zielrichtung. Die Lehrerausbildung hat eine Orientierung. Methoden des Lehrens und Lernens können optimiert werden. Kooperation zwischen Ländern, Schulen, Schülern und Eltern ist leichter möglich. Bei Prüfungen und Überprüfungen wissen Schüler eindeutiger als bisher, worauf sie sich vorzubereiten haben. Vielleicht kann so ein zweites Pisa-Debakel vermieden werden.

Ein wesentlicher Schwachpunkt bleibt: Lernerfolge sind auch abhängig vom Schülerverhalten. Über die Hälfte der Schüler weisen Verhaltensstörungen auf, die vor Schuleintritt entstanden sind. Diese reduzieren Lernerfolge.

Nationale Bildungsstandards sollten übergeordnete Leitlinien für eine Erziehung nach Wertmaßstäben unserer Kultur beinhalten. Denn: Werteerziehung in den Familien kommt zunehmend zu kurz. Erziehungskooperation zwischen Elternhaus und Schule ist vonnöten und wird durch Bildungsstandards erleichtert. Konfliktfähigkeit (Konfliktregelung ohne Gewalt) wäre ein Beispiel für einen Wertmaßstab in einer aggressiv zugespitzten Globalgesellschaft.

Demokratie

Blockade der Demokratie -   05.12.02
Verantwortungslosigkeit der Parteien

Streitbarbarei statt Streitkultur

Die Haushaltsdebatte von gestern im Bundestag offenbarte das „alte Lied": Die Sprache der Hauptredner der Parteien war teils aggressiv doppelzüngig, vorwiegend abgegriffen routinemäßig, oft nur verstaubte Worthülsen ohne grundlegende Lösungsinhalte. Die therapiebedürftigen Denkstrukturen sind geblieben.

So auch erkennbar bei der Aussprache des Bundesrates am vergangenen Freitag (30.11.) zu den Reformgesetzen der rot-grünen Regierung unter Schröder, die vorerst gestoppt wurden und mit der Mehrheit der Länderkammer in den Vermittlungsausschuss gingen.

In den Redebeiträgen der Opposition gestern und vorige Woche schiebt man sachliche Gründe für die Ablehnung der Reformvorhaben vor. In Wirklichkeit schielt man auf Landesinteressen und Landtagswahlen (Anfang Februar in Hessen und Niedersachsen). Die Bundestagswahlen vom 22. September wurden von der Union aus CDU/CSU nur knapp verloren. Das wurmt kellertief. Die desaströse Haushaltssituation hatte die Regierung vor der Wahl bewusst unehrlich verschwiegen. Jetzt soll ein Untersuchungsausschuss die Wahllügen nachweisen. Antistimmungen, medienverstärkt, haben sich in der Bevölkerung gegen die Regierung breit gemacht. Das schlachtet nun die Opposition taktisch aus: wahltösendes Polittheater.

Sie hatte im Wahlkampf Gegenvorschläge zur Regierung aufgezeigt. Ihre Finanzierung hätte die Hauhaltslage überlastet. Das verschwieg sie. Was sie ebenso wie der Finanzminister wusste, aber jetzt so tut, als hätte sie es nicht gewusst, war, wie die finanzielle Situation des Staatshaushalts Anfang September aussah.

Der Bundestag, der Bundesrat und die Medien dienen ihr jetzt als Plattform für die kommenden Landtagswahlen. Hier und überall werden die Gegensätze zur Regierung schroff überspitzt, kooperative Lösungsbereitschaft abgeschmettert, um den potentiellen Wählern eine Alternative anzubieten.

Durch die M a c h t k o n k u r r e n z ist die normale Streitkultur zwischen den Parteien zu einer Barbarei des Streites ausgeartet. Reformvernunft wird – die Wahlen überscharf im Blick – verschoben, verantwortungslos gegenüber dem Gemeinwesen. Pluspunkte sammeln vor sachlicher Zusammenarbeit. Ein solch dürftiges Agieren blockiert Reformen und untergräbt Demokratie.

Demonstrieren

Wer Bomben sät, wird Hass ernten　　　　　23.03.03
Machtvoll massenhaftes Demonstrieren

Weltweite Proteste gegen Krieg
Das machtvoll massenhafte Aufbegehren vom Wochenende, das hunderttausendfache Demonstrieren von Jung und Alt gegen den barbarischen Krieg wird nicht ohne Wirkung bleiben. Diese weltweiten Proteste sind historisch einmalig. Noch nie waren so viele junge Menschen beteiligt.

Für die Demonstranten beruht dieser Krieg auf Verdächtigungen und Propagandalügen. Kriegsmotto: „Irakische Freiheit" – „Enthauptungsschlag" – „Schock und Schrecken".

Die Angreifer bringen durch Bombardierungen unzählige junge Menschen und Erwachsene in seelenzerfressende Todesängste und zigfachen Tod. Über zu lange Zeit waren die jetzt Betroffenen durch ihren höllischen Despoten Saddam Hussein tyrannisiert und traumatisiert worden. Seit Ende des ersten Golfkrieges 1991 sind bis heute etwa 1,7 Millionen Iraker an Unterernährung gestorben.

Was s ä e n die Amerikaner und Briten? Bomben und Raketen: Schmerzen, Leiden, Qualen, Tod und Zerstörung.

Was e r n t e n sie? H a s s, unendlichen!

Allein in Bagdad leben 2,5 Millionen Kinder und Jugendliche – Kinder der Armen. Ihr Hass, ihre körperlichen und seelischen Verletzungen haben sich eingefressen in ihr emotionales Gedächtnis.

Hinzu kommen Milliarden Kinder weltweit. Die Angst vor dem Bildschirm geht nicht spurlos an ihnen vorüber. Auch hier, je nach Empfindsamkeit: Angstverletzungen und Wut gegen die Angreifer. Der oberste Kriegsherr Bush zog sich am vergangenen Wochenende auf seinen idyllischen Landsitz zurück - fernab vom Kriegsschauplatz. Wie ein virtueller Computerspieler, ohne eigene leidvolle Kriegserfahrung.

In einer globalen Medienwelt verbreiten sich nicht nur Informationen weltweit, sondern auch Empfindungen der Ablehnung. Die hasserfüllten Erinnerungen werden sich über Jahre gegen den Hauptfeind Amerika richten. Darin liegt seine zukünftige Verwundbarkeit.

Deutschtest

Erst nach Deutschtest in die Schule   03.06.02

Mein praxisnahes Erleben zwingt mich zu folgender Stellungnahme:

Der Hessische Ministerpräsident Koch will Ausländerkindern erst nach bestandener Deutschprüfung den Grundschulbesuch erlauben. Niedersachsens Ministerpräsident Gabriel fordert Höchstquoten für Ausländerkinder in Grundschulklassen.

Ministerpräsidenten der Bundesländer sollten einmal in einer Grundschulklasse mit hohem Ausländeranteil in Brennpunktschulen unterrichten. Hautnahe Realität könnte zu wirkungsvolleren Veränderungen in der Schule führen. Die Vorschläge von Herrn Koch und Herrn Gabriel sind durchaus überlegenswert. In zahlreichen Schulen in Deutschland gibt es erste Grundschuljahre mit einem extrem hohen Ausländeranteil, verbunden mit einem Maximum an Sprachdefiziten. Nebenbei: In Finnland, deren Schüler nach der Pisa-Studie am Leistungsstärksten waren, gibt es solche Verhältnisse nicht in diesem Ausmaß.

Wie könnte beispielhaft die Situation eines ausländischen Erstklässlers aussehen, und zwar übertragen auf eine Klasse von etwa 25 Schülern? Er (oder sie) befindet sich seit kurzem in Deutschland, hat mehrere Geschwister, wohnt beengt, zusätzlich in einem Wohngebiet mit hohem Ausländeranteil.

Im familiären Umfeld innerhalb und außerhalb des Hauses bestehen auf Grund unterschiedlicher Nationalitäten größte Sprachschwierigkeiten. Täglich finden quantitativ und qualitativ enorme Konflikte statt, die als belastende Frustrationen erlebt werden. Die Eltern reglementieren und disziplinieren. Aggressive Antriebe müssen ständig kontrolliert werden und stauen sich explosiv auf wie ein Pulverfass. Eine innere aggressive Gereiztheit ist ständig latent vorhanden.

Die komplexen Interaktionen in der Grundschule verstärken die bereits aufgebaute individuelle Problematik. Das Ausländerkind ist provokativen Hänseleien in der Klasse und auf dem Schulhof ausgesetzt, und zwar wegen des „anderen" Aussehens, des anderen Lachens und Weinens, des anderen Frühstücks, anderer Klamotten (nicht trendy), usw.

Bei Streitigkeiten fehlt die Sprachfähigkeit, die Ursachen zu artikulieren und die unterstützende Solidarität durch andere. Im Unterricht versteht man weder die Arbeitsaufgaben in Deutsch, Mathematik oder in den übrigen Fächern. Hinzu kommen Rivalitäten bis zur Gewalt zwischen den aus verschiedenen Herkunftsländern stammenden Ausländerkindern. Die Außenseiterposition wird zur schicksalhaften Notwendigkeit.

Alles zusammen trägt dazu bei, dass der tiefsitzende Frustrationsschmerz und die damit verbundene aggressive Gereiztheit sich fortwährend stimmungslabil auf und ab bewegen.

Lösungsvorschläge: Verhinderung von Gettobildung in bestimmten Wohngebieten. Aufarbeitung der Sprachdefizite durch verpflichtende Sprachkurse vor der Einschulung. Kleine Lerngruppen im 1.Schuljahr.

Engste Kooperation zwischen Elternhaus, Kindergarten, Grundschule.

Disziplin

Wie wird man   01.07.02
Weltklasse-Torhüter, wie Pisa-Sieger?

Ohne angeborene Begabung? Nein! Mit Begabung, aber ohne Fleiß und Ehrgeiz? Nein!

Also mit Begabung und Fleiß und Ehrgeiz. Der Hochbegabte, der Hochehrgeizige kommt ohne Fleiß nicht an die Weltspitze. Nur wenige erreichen den ersten, obersten Rang wie Kahn.

Begabungen, gleich auf welcher Ebene, sind weltweit nicht weniger verteilt als in den vergangenen Jahrhunderten.

In Finnland, an der Pisa-Spitze, leben nicht mehr talentierte Schüler als in Deutschland. Fleiß und Ehrgeiz sind die Verhaltensweisen, die Tugenden, die zum Erfolg führen. Wir benötigen, wie kürzlich schlagwortartig durch die Medien geisterte, keine „neue Kultur des Lernens". Als ob man den Stein der Weisen nun endlich gefunden hätte! Die neue Kultur ist die alte: Fleiß und Ehrgeiz.

Das Leben und hartes Arbeiten zu erleichtern, war die entscheidende Motivationsenergie für die Entwicklung unserer hochtechnisierten Zivilisation. Ohne die Werte Fleiß, Ehrgeiz und Kreativität wären dieser Fortschrittsprozess nicht möglich gewesen.

Lösungsansatz: Wenn Familie, Kindergarten und Schule zu den ehemaligen Verhaltensformen von Fleiß und Ehrgeiz, zu mehr Lerndisziplin zurückkehren könnten, gäbe es kein zweites Pisadebakel. Keiner hat unserer Fußballmannschaft ein so erfolgreiches Vorwärtskommen zugetraut. Es würde schon an ein Wunder grenzen, wenn uns die Leistungsfähigkeit unserer

Schüler in einigen Jahren ebenso überraschte wie unsere teamfrische Fußballelf.

Dominanz

Ein mächtiges Raubtier   18.01.03
fragt vor dem Sprung nicht nach dem Leiden des Opfers – Raubtiereigenschaften des Präsidenten Ein Verdacht rechtfertigt keinen Krieg

Die USA sind mächtigste Supermacht. Der Präsident nimmt für sich selbstherrlich in Anspruch, ohne UNO-Mandat, allein über Krieg oder Frieden zu entscheiden. Er stellt s e i n e Interessen eiskalt über das Global-Wohl. Die Art seines Auftretens, seine scharfe Sprache und seine Körperbewegungen demonstrieren machtbewusste Entschlossenheit.

In seinen Genen, so scheint es, sind Raubtiereigenschaften gespeichert, Reste der Evolution. Den Feind fest fixierend: Der Sprung auf das Opfer beherrscht seine Vorstellung. Ja, gedanklich hat er die Beute bereits in den Krallen: Weltdominanz und Öl!

Ein mächtiges Raubtier fragt vor dem Sprung nicht nach dem Leiden des Opfers. Der Machttrieb denkt rein egoistisch. Die blutigen Leiden Tausender rühren in ihm keine Anteilnahme. Trieb erstickt Mitempfindung.

Bush ist Familienvater mit Zwillingstöchtern und Ehefrau. Folgendes Bild: Während der amerikanischen Angriffe wohnt er und seine Familie in Bagdad. Unter der höllischen Bedrohung - flehen und weinen seine Liebsten. Würde er jetzt einen Stopp befehlen?

Verfügt der Irak über versteckte Massenvernichtungsmittel? Arbeitet er an einem geheimen Nuklearprogramm? Dafür gibt es derzeit keine Beweise. Der Verdacht rechtfertigt keinen Erstschlag! Einmal begonnen, nehmen sich andere das gleiche Recht heraus. Recht wird zum Unrecht. Eine Entwaffnung ohne Krieg wäre auch dieses Mal möglich! Antiamerikanismus, Fundamentalismus und Terrorismus werden zunehmen.

Einsamkeit

Einsamkeit – kein Mensch versteht mich   19.10.02

Die aktuellen Lebensbedingungen sind unendlich vielschichtiger als in der Mangelgesellschaft der 50er Jahre oder der vorindustriellen Epoche Europas.
Es umgibt uns eine hochspezialisierte Industrie- und Kommunikationsgesellschaft mit stetig steigender Informationsflut. Wer hat da noch den verstehenden Durchblick?
Unzählige Ratschläge über Ernährung, Bekleidung, Schönheit, Gesundheit, Erziehung, Konsum usw. „verfolgen" uns tagein, tagaus. Wir glauben, uns unabhängig und frei selbstverantwortlich entscheiden zu können. In Wirklichkeit sind wir größtenteils Manipulationsopfer der Werbetotalität. Extremer Bildschirmkonsum fördert die Sprachlosigkeit. Konsumorientierung ersetzt vielfach Liebe und Autorität. Immer mehr junge Menschen vermissen emotionale Zuwendung. Immer mehr erziehungsunsichere Eltern leiden unter Erkrankungen der Psyche. Kinder, Jugendliche und Erwachsene fühlen sich nicht verstanden. Der familiäre Geborgenheits-

rhythmus ist aus dem Gleichgewicht. Misstrauen ersetzt Vertrauen. Nachhaltige Kommunikationsstörungen sind die Folge. Die Warteschlangen für Therapieplätze sind lang.

In einer Mangelgesellschaft war die praktische Alltagsbewältigung härter, das wechselseitige Verstehen jedoch größer. Warum? Mangel bewirkte zuwendendes Kommunizieren und Helfen.

In einer technisierten Überflussgesellschaft ist man weniger auf den Anderen, den Konsumkonkurrenten angewiesen. Man igelt sich ein in die Einsamkeit der Unabhängigkeit. Single-Existenzen, Altenheim-Situationen sind anschauliche Beispiele für Isolations-Einsamkeit. <u>Lösungsansatz:</u> Die gegenwärtigen Negativ-Reize lassen sich nicht ausschalten. Wir sind durch Absonderung verletzlicher als wir glauben. Mut zu kleinen Schritten des einfühlsamen Entgegenkommens und der selbstlosen Hilfestellungen im nachbarschaftlichen oder beruflichen Nahraum können therapeutisch wirken, um Vereinsamung durch Verstehen zu lindern.

Engstirnigkeit

Überwindung   6.01.03
**fundamentalistischer Engstirnigkeit -
Segnung gleichgeschlechtlicher Paare**

Die Evangelische Kirche Hessen-Nassau (EKHN) hat am 4.12.02 auf ihrer Herbstsynode in Frankfurt der Segnung gleichgeschlechtlicher Paare zugestimmt. Die Entscheidung fiel im Abstimmungsverhältnis 117 zu 41.

Warum sollte ein gleichgeschlechtliches Paar weniger verantwortungsfähig sein als ein gegengeschlechtliches? Homosexualität gehört genauso zu Gottes Schöpfung wie Heterosexualität. Homosexualität ist eine unverschuldete sexuelle Neigung. Sie ist gottgegebenes Schicksal. Es gibt Hinweise auf erlernte Formen. Sie sind jedoch zahlenmäßig bedeutungslos. Hormonelle Einflüsse in der Embryonalentwicklung und ererbte Dispositionen bestimmen über die spätere sexuelle Richtung. Die Wirkung der Vererbung wurde an eineiigen Zwillingen nachgewiesen.

Das hat zur Folge: Die Betroffenen haben sich nicht durch einen Willensakt für diese im Emotionalen verankerte, therapieresistente Eigenschaft entschieden.

Ihr Unschuldigsein macht sie frei für die Zuwendung Gottes. Die zum Teil gesellschaftlich immer noch Diskriminierten werden durch den segnenden Zuspruch in eine Gemeinschaft der Toleranz aufgenommen. Das entlastet sie von Leidensdruck. Es sei daran erinnert: Jesu hat sich besonders den Ausgestoßenen und Außenseitern zugewandt.

Was wir benötigen? Eine globale Toleranz, geduldige Nachsicht als ethisches Bewusstseins- und Verhaltensziel zwischen Religionen und Weltanschauungen.

Vielleicht kann so fundamentalistische Engstirnigkeit verringert werden.

Ernährung

Naturgemäße Ernährung   11.05.02

Orientiere Dich an der Vorstellung:

Wie hat sich der Mensch ernährt, als er wie ein Tier in der Natur lebte?
-Überwiegend von pflanzlicher Kost.
-selten von tierischer Kost (je nach Möglichkeit).

Seine Ernährungswerkzeuge (z.B. Gebiss) sind nicht so wie die eines Raubtieres ausgelegt, das Beute schlägt (also von Fleisch lebt).

Unsere Zivilisationsnahrungsmittel enthalten zuviel Zucker und Fett.
Also ernähre Dich zucker- und fettarm!

Hast Du außerhalb der Mahlzeiten "Kohldampf", iss z.B. einen Apfel, eine Tomate, eine Gurke,....(also etwas Kalorienarmes).

Reis, Kartoffeln, Gemüse, Obst sind keine Dickmacher, daher besonders wertvoll.

Ernährst Du Dich nur in geringem Maße von Fleisch und Wurst, liegst Du goldrichtig.

Verzichtest Du überwiegend auf Süßes (Kuchen, Schokolade,...), liegst Du gold-gold-richtig.

Vergiss nicht kalorienarme Getränke zu Dir zu nehmen: Mineralwasser, Obstsäfte,...(ohne/wenig Zucker).

Hälst Du dies über lange Zeit ausdauernd durch, wirst Du nicht ewig leben! - jedoch zufriedener mit Dir selbst sein.

Erotikerinnerung

Marilyn Monroes Erotikerinnerung   07.08.02

strahlt von 1962 bis in die Gegenwart. Das ist unvergessliche Erotikgeschichte.

Die damaligen Medienmacher haben sie mit ihren Manipulationswerkzeugen zusätzlich erotisch verstärkt. Ohne Marilyns individuell erotische Basis (Form und Bewegung) wären ihre Werkzeuge stumpf geblieben. Erotisch schön ist derjenige Mensch, der auf Grund seiner Ausstrahlung viele Menschen reizend beeindruckt. Wenige wären kein ästhetischer Maßstab. Dieser richtet sich nicht nach objektiven Kriterien, sondern nach gefühlsmäßig subjektiven. Was eine große Zahl gleichzeitig empfindet: das ist der schöne Schein. Das ist kein wirkliches Objekt, sondern die Wirkung eines Dings oder Lebewesens in unserem Gefühl. Die Bereitschaft angesichts der Ästhetik mit vielen gemeinsam so und nicht anders zu empfinden, beruht auf unserem biologischen Erbe, ist in unsern Genen programmiert. Der abrupte Tod eines Menschen, dazu eines erotischen, steigert unser Mitempfinden. Wir möchten, dass ihre erotische Schönheit Unsterblichkeit erlangt.

Erziehung

Erziehungsanregungen   13.06.02
**Eltern lassen zu große Verhaltensspielräume
entstehen, ohne rechzeitig grenzziehend
einzugreifen**

Es gibt Eltern oder an der Erziehung Beteiligte, die mehr
oder weniger über Erziehung nachdenken. In vielen Fällen erzieht man weitgehend so, wie man selber erzogen
worden ist, es sei denn, man hat beruflich mit Erziehung
zu tun.

Ein Nachdenken und Aufarbeiten der eigenen Erziehung kann bewirken, dass man sein Verhalten in Teil-
bereichen korrigiert und so dazu kommt, das eine oder
andere in der Erziehung der eigenen Kinder zu verändern. Der Anteil der Eltern, die aus Unsicherheit heraus
erziehen, hat sich deutlich vergrößert. Sie werden tagtäglich der strapaziösen Alternative konfrontiert: Soll
ich das erlauben oder nicht? Soll ich das kaufen oder
nicht? Ist das oder das sinnvoll? Wie verhalte ich mich
richtig, falsch oder angemessen?

Mit nahezu allen Sachen des täglichen Bedarfs wird zu
sorglos umgegangen.

Nahrung: Bei den Mahlzeiten wird der Teller nicht leer
gegessen. In der Tasse, im Glas, in der Flasche bleibt ein
Rest. Angebissenes bleibt irgendwo liegen. Es wird nur
das Frische gegessen. Das Alte bleibt liegen, vergammelt
und kommt dann in den Müll.

Kleidung: Man geht unachtsam damit um. Sie ist schnell
beschmutzt, defekt oder verschlissen. Man lässt sie

nachlässig bei Bekannten liegen, bemüht sich noch nicht einmal sie zurückzuholen, da ausreichend Ersatz vorhanden.

Spielsachen: Ein Kinderzimmer ist übervoll. Etwas zu beschädigen oder irgendwo liegen zu lassen, ist nicht weiter schlimm.

Schreibmaterial: Hefte, Blocks, Blätter werden nur bis zu einem geringen Teil beschrieben. Schreibgeräte (Blei-und Malstifte, sonstiges) lässt man irgendwo liegen. Macht man sich die Mühe, sie zu suchen, gibt man zu schnell auf: man hat ja Ersatz.

Lösungsvorschlag: Eine Verschwendungs-, Verschleiß- und Wegwerfmentalität hat sich ausgebreitet. Der leichtfertige Umgang mit den Dingen muss rechzeitig dosiert und reduziert werden. Beschädigt oder zerstört man Dinge mutwillig, darf dieses Verhalten nicht ohne Folgen bleiben.

Nur so werden frühzeitig notwendige Hemmungen aufgebaut.

Feminisierung

**Die Natur hat die Frauen begünstigt -   09.03.03
Ein Glück für die Nachkommen?**

Das Leiden unterdrückter und gedemütigter Mädchen und Frauen weltweit lässt sich nicht vergleichen mit der positiven Rolle der Frau in den wohlhabenden Industriestaaten. Hier hat die Emanzipation (Befreiung aus Abhängigkeiten) einen tragfähigen Standard erreicht, auch wenn Frauen nach wie vor in vielen Bereichen benachteiligt sind. Frauen verdienen durchschnittlich immer noch etwa 20 Prozent weniger als Männer. Oder: Physische Gewalt an Frauen durch Männer in Form von Vergewaltigungen ist weiterhin schmerzliche Realität.

Dennoch hat die Natur das Weibliche begünstig. Beispiele: Geringere Säuglingssterblichkeit. Stabilere Gesundheit bis ins Alter. Höhere Lebenserwartung. Sexuelle Potenzvorteile. Größere Belastbarkeit. Sicheres Einfühlungsvermögen.

Der Mann verfügt vergleichsweise nur über einen wesentlichen Vorteil: seine physische Aggressivität. Und genau sie ist Hauptursache für die Diskriminierungen von Frauen. Für den Machtkampf zwischen den Geschlechtern bleibt eine solche Fähigkeit auf Dauer unzureichend. Frauen sind aufgrund naturgegebener Vorteile eindeutig auf dem Vormarsch.

Die Männer mussten nach dem zweiten Weltkrieg eine Loslösung der Frauen aus Abhängigkeitsstrukturen zulassen. Denn Frauen waren maßgeblich am Wiederaufbau des kriegszerstörten Deutschlands beteiligt. In den staatlichen Bürokratien erhielten Frauen zuerst gleichen Lohn für gleiche Arbeit (Beispiel: Bildungswesen). Später folgten die Verwaltungen der Unternehmen. Recht bald musste akzeptiert werden, dass die Leistungsfähigkeit von Mädchen gegenüber Jungen in den allgemeinbildenden Schulen durchschnittlich besser war. All dies forcierte und festigte die Stellung des Weiblichen in der Gesellschaft. Berufliche und materielle Unabhängigkeit nahmen zu. Und damit die Machtposition der Frau gegenüber dem Mann. Die psychischen Methoden des Weiblichen zur Interessensdurchsetzung sind oft wirkungsvoller als die physisch plumpen des Mannes.

Frauen müssen in ihrem Dominanzstreben aufpassen, dass Jungen in der Erziehung, Männer in Familie und Beruf nicht so weit „feminisiert" werden, dass z.B. Unterordnungsbereitschaft von Jungen gegenüber Mädchen und Frauen, zu ihrem Nachteil, übermäßig zunehmen.

Fitnessrückgang

Deutsche Schüler immer schlapper 12.03.03

Die Fitness 10- bis 14-jähriger Schüler ist innerhalb der letzten beiden Jahren um mehr als 20 Prozent zurückgegangen. Das ist das Ergebnis einer Studie der AOK, des Deutschen Sportbundes und des Wissenschaftlichen Instituts der Ärzte Deutschland. Als Hauptgrund werden genannt: ein gestiegener Medienkonsum und ein ungenügendes Sportangebot an den Schulen.
Der Fitness-Rückgang bezieht sich sehr stark auf den Ausdauerbereich. Eine Negativentwicklung ist besonders bei den jüngeren Jahrgängen zu beobachten.
Kinder insgesamt, ob in Familie oder Kindergarten, bewegen sich nicht in dem Maße, wie es ihrem natürlichen Aktivitätsbedürfnis entspricht. Das hat weitreichende Folgen, teils lebenslang. Hinzu kommt eine weit verbreitete ungesunde Ernährung mit Übergewicht.
Zuhause erwarten Eltern Hilfen z.B. in Form einer Besorgung. Momentane Medienbeschäftigung bewirkt dann: Ich hab keine Lust zum Gehen, fahr mich.
Eine verfestigte Passivität wirkt sich auch in der Weise aus, dass Kinder oft zu bequem sind, in ihrem eigenen

Zimmer aufzuräumen. Unordnung und Chaos haben sich mehr und mehr ausgebreitet.

In der Schule erfordert ein Projekt bestimmte Materialien. Viele Schüler sind zu bequem, sich dieses einen Tag vorher zu beschaffen. Oder im Sportunterricht üben Lehrer nicht an Geräten (Reck, Barren, ...), weil Schüler die Anstrengung verweigern. Fakt ist: Zu viele Schüler widerstehen bei Arbeitsaufgaben, die Anstrengungsbereitschaft abverlangen. Es wird sich erst gar nicht um Problemlösungen bemüht.

Körperliche Inaktivität begünstigt geistige Passivität, Muskelfaulheit Denkfaulheit. Weitere Problembereiche sind:

Hyperaktivität wird durch Bewegungsbequemlichkeit zusätzlich verstärkt. Durch übersteigerten Medienkonsum werden soziale Beziehungen vernachlässigt. Isolierung und Verhaltensstörungen können die Folge sein.

Jugendarbeitslosigkeit liegt nicht nur in der Wirtschaftssituation begründet. Jungendliche lehnen oft aus Bequemlichkeit einen Ausbildungsplatz ab oder beenden eine Lehre frühzeitig.

Fixierung

Zwillingsfixierung   12.02.03

George W. Bush hält es für einen „gottgegebenen Auftrag" der USA, „sich zu verteidigen und die Welt zum Frieden zu führen".

Die Zerstörung der Zwillingstürme des World Trade Centers symbolisiert die Zwillingsfixierung des US-Präsidenten.

Er leidet unter einer doppelten Fixierung, einer Zwillingsfixierung. Die höllische Frustration des 11. September 2001 bewirkte einen traumatischen Aggressionsstau, der bis heute weder verarbeitet noch abreagiert wurde. Bin Laden, die Ursache, wurde nicht gefasst. Ein Ersatz musste gefunden werden. Wer eignete sich besser als der Diktator Saddam Hussein, unmenschlich und im Besitz von Massenvernichtungswaffen. Beide, Bin Laden und Saddam Hussein, gehören der islamischen Kultur an, die die Weltherrschaft zu erobern droht. Hier beginnt die erste Fixierung: Der zweite Teufel, Saddam Hussein, ersetzt den ersten, Bin Laden.

Eine Bedrohungsangst besteht für Bush von mehreren Seiten gleichzeitig: Der im verborgenen operierende Terrorist Bin Laden, der Staatsterrorist Saddam Hussein, eine unterstellte Verbindung zwischen beiden, der Islam und Massenvernichtungswaffel als Mittel der Zerstörung. Nun überträgt Bush seinen ganzen Hass auf den irakischen Diktator, stellvertretend für die Gesamtbedrohung.

Die Feindbildfixierung Bushs nimmt zusehends starrere Züge an: Wer nicht auf meiner Seite steht, ist gegen mich (Beispiele: Deutschland, Frankreich). Es gibt nur eine Chance: Ich, der Präsident der einzigen Supermacht muss mit meinen Hightech-Waffen das Böse durch einen Blitzkrieg vernichten. Ich verteidige die westliche Welt gegen die Bedrohung, um dann die ganze Welt zu befrieden. Gott hat mich dazu beauftragt, weil niemand sonst dazu in der Lage wäre. Das ist die zweite Fixierung, die sein Denken beherrscht: Gott hat Bush zum Stellvertreter beauftragt. Niemand sonst könnte das Böse vernichten.

Die eigentlichen Motive – Ohnmacht des 11. September und Allmachtgefühle – verursachten die Zwillingsfixierung. Fixierungen bewirken Gehirnzwänge. Bush hat sich zur pathologischen Ausweglosigkeit verrannt. Machthaber von Diktatoren und Demokratien, in ihren Händen Vernichtungswaffen, bedrohen den Weltfrieden!

Folter

Welcher Wert steht höher –   27 .02.03
**das Leben eines Kindes oder eine hilfreiche
Verhörmethode?**

An der Zulässigkeit staatlicher Folter scheiden sich die Geister
Verbrechen oder Heldentat?

Es geht in diesem besonderen Einzelfall, dem Vorgehen der Frankfurter Polizei im Mordfall Jakob von Metzlers, nicht um die Frage: Ist die Androhung von Folter zulässig oder nicht?
Aus der Sicht von Müttern und Vätern, die ihre Kinder lieben, muss gefragt werden dürfen: Darf es in einer extremen Ausnahmesituation eine legalisierte Form der leichten Schmerzandrohung und Schmerzanwendung (ohne körperliche und seelische Verletzungsgefahr) geben, um das Leben eines Kindes zu retten? Ich antworte als Vater von Kindern: Ja!
Habgier, also Materialismus war das Motiv des Täters Markus G.. Aus diesem Beweggrund einen Mord zielgenau gewissenlos geplant und eiskalt ausgeführt zu haben, lässt das emotionale Urteil zu: Dieser Mensch hat den letzten Rest an Würde verspielt. Sein materiel-

ler Egoismus dominierte vor Mitgefühl für das Kind, seine Eltern und Bezugspersonen. Es gibt Menschen, die -ohne schmerzhaften Druck- nicht reagieren, nicht zu einer Aussage zu bewegen sind. Was steht höher: Das Leben eines Kindes oder eine hilfreiche Verhörmethode?

In einer überstark orientierten Ego-Gesellschaft, in der materielle Motive des Verhaltens und der Straftaten zunehmen, stellt sich selbstverständlich die Frage, ob nicht hin und wieder, in außergewöhnlichen Ausnahmesituationen bestimmte Verhörmethoden angewendet werden sollten, um das Leben von Menschen zu schützen.

Förderung eines Kindes

Optimale Förderung eine Kindes   07.12.02

Die folgenden Ergebnisse basieren auf fachübergreifender Forschung und sind durch eigene Erfahrungen erprobt.

Eine stets freundliche Zuwendung gegenüber dem Neugeborenen stärkt sein Selbstvertrauen. Häufiger Konfliktstress zwischen den Eltern oder Bezugspersonen ist zu vermeiden, um Nachteile für die Entwicklung abzuwenden. Der regelmäßige Umgang verlangt jene Aufmerksamkeit, um Gefahren und deren Folgen rechzeitig zu verhindern.

Neugierde, ein natürlicher Antrieb, verlangt, ebenso wie Hunger und Ernährung, Befriedigung. Neugierverhalten drückt sich in der Körpersprache aus. Spielen des Kleinkindes verläuft, zunächst ohne Spielsachen, über

Kommunikationskontakte: Blicke, Mimik, Gestik, Sprache. Fröhliche Zuwendungsspiele wecken Begeisterungslust.

Spiele und Spielsachen müssen alle Sinne anregen: fühlen, riechen, schmecken (Vorsicht! Verschluckungsgefahr!), hören, sehen. Fertige Industriespiele, geruchsfrei und unflexibel, stimulieren zu wenig und sind keinesfalls ausschließlich zu verwenden.

Möglichst früh und schrittweise sollte begonnen werden, nach vernünftigen Regeln und Werten zu erziehen. Wiederholte Gegensätze zwischen den Eltern (oder Bezugspersonen) verunsichern das Kind. Erziehungsvereinbarungen sind unumgänglich. Erziehungsziele als Leitlinie dienen der Orientierung.

Mit zunehmender Selbständigkeit sind die Erfahrungsspielräume angemessen zu erweitern. Ein Ausprobieren von Erfolg und Misserfolg, Versuch und Irrtum wirkt gehirnanregend: Fühlen, Denken, Phantasie und Neugier werden so bestmöglich gereizt.

Nichts ist für eine natürliche und gesunde Entwicklung schädlicher als extreme Ablenkungen durch Medien und Konsum. Sie formen zu körperlicher und geistiger Passivität. Wichtig sind kooperative Aktivitäten des erfahrungsbezogenen Tuns.

Körperliche und geistige Tätigkeiten sind: Bewegung, Spiel, Sinnesanregungen, Konzentration, Anstrengung, Ausdauer. Abwechslungsreiches Präsentieren der Inhalte und Impulse ist zu beachten. Lernen stimuliert Aha-Erlebnisse und emotionalisiert Gehirnregionen. Loben in wort- und körpersprachlicher Form (ein freundlicher Blick, eine ermutigende Geste) verstärkt positives Verhalten. Pessimismus wirkt demotivierend. Begabungen (kognitive, soziale, emotionale, musikalische, künstlerische usw.) sind zu erkennen und besonders zu fördern.

Mit fortschreitendem Alter nimmt die Fähigkeit zum Problemlösen schwieriger Aufgaben zu. Die Selbständigkeit dazu muss nachhaltig unterstützt werden.
Das verlangt Anstrengungsbereitschaft und Durchhaltevermögen. Beide sind durch vielfältiges Belobigen zu aktivieren. Geld und Materielles als äußere Verstärkung zerstören die innere Motivation zum Lernen. Sie dürfen nur ausnahmsweise erfolgen.

Fundamentalismus

Fundamentalistischer Terror – Anschläge auf Bali
15.10.02

Das Gefahrenrevier des Menschen in der Natur war regional begrenzt. Der Fressfeind konnte überraschend auftauchen.
In einer medialen Kommunikationsgesellschaft ist das Revier global. Die Gefahren können zu jeder Tages- und Nachtzeit überall lebensvernichtend urplötzlich hereinbrechen. Der Vernichtungsakt mit Überraschungseffekt wird mit modernster Technik planmäßig vorbereitet, koordiniert und auf einen Aggressionspunkt gelenkt.
Die da hinter stehenden fundamentalistischen Fanatiker haben in ihrem Gehirn eine kranke Feindbildfixierung aufgebaut, durchmischt von Sendungsbewusstsein, Heiligem Krieg und Pan-Islamismus. Das eigene Leben wird dem Ungeist des Hasses untergeordnet. Ihre Religion, glauben sie, rechtfertigt ihren Hass als Antriebsenergie für ihren Vernichtungsterror gegen fremde Teufels-

Werte. Nur ihre Werte sind heilig. Ein selbstopferndes Sterben wird durch das Paradies belohnt.

Ihre heilsbringende Botschaft ist, aus ihrer Sicht, notwendige Realität, aus unserer, Realitätsverlust. Ihr Hass gegen unsere Werte hat eine Kraftquelle, die dynamische Entschlossenheit frei setzt. Mehr als wir zu denken wagen. Für unsere verweltlichten Wertvorstellungen sind wir nicht so ohne weiteres zu sterben bereit.

Ihr autoritär todbringendes Heils-Hass-Bewusstsein befreit sie von jeglichen Schuldgefühlen, in der Einbildung. Das macht sie so gefährlich. Für Reue ist kein Platz. Für verhaltensändernde Umkehr noch weniger.

Ihre unheilsame Vernichtungsstrategie, an jedem Ort zu jeder Zeit möglich, gefährdet den Weltfrieden. Sie sind Hass-Egozentriker auf Kosten der Weltgemeinschaft. Die Natur hat der Gattung Mensch ein Gehirn beschert, das zur Höchstgefährdung seiner eigenen Natur geworden ist.

Geltung

Geltungsbedürfnis – Entscheidungsfähigkeit

20.07.02

Im Konflikt zwischen Geltungsbedürfnis und Entscheidungsfähigkeit.

Welchen Eindruck hinterlässt Bundeskanzler Schröder beim Fernsehzuschauer?

Die Fähig- und Unfähigkeiten unseres Bundeskanzlers angemessen einzuschätzen, fällt schwer. Er ist ein hervorstechend herausragender Moderator politischer Fakten, Ergebnisse und Strukturen.

Welchen Eindruck hinterlässt er beim Fernsehzuschauer? Seine Mimik, Gestik und Sprache wirken unkompliziert, locker und entspannt. Die Darstellungsweise seiner Gedanken ist für das Publikum mühelos verständlich. Er kommt, wie man so schön sagt, gut an, und zwar auch bei denjenigen, die bei einer Sendung nur unaufmerksam beiläufig hinschauen. Das ist seine Stärke gegenüber dem Wähler. Das weiß er. Vermittelte er partiell einen negativen Eindruck, würden seine Wahlchancen sinken. Er will die Wahl am 22.09.02 gewinnen. Daher überlegt er: Wie kann ich das erreichen? Was erwarten die Wähler von mir? Wie kann ich sie medienwirksam beeindrucken?

Führungsstärke ist die entscheidende Eigenschaft, die von einem Regierungschef erwartet wird. Die Erwartungshaltung „Führungsstärke" liegt instinktiv im Menschen. Eine Gruppe im Naturzustand war nur durch einen starken Anführer überlebensfähig.

Nach zahlreichen Rückschlägen versucht Schröder, seine geschwächte Führungskraft zurückzugewinnen. Wesentliche Rückschläge waren: Steigende Arbeitslosenzahlen, Spendenaffäre in Köln, Babcock-Pleite, Ablösung des Telekomchefs Ron Sommers und des Verteidigungsministers Scharping.

Sommer und Scharping waren schon länger überfällig. Warum sie kurz vor der Wahl gehen mussten, ist von kurzfristig wahltaktischem Interesse. Die Eigenschaft „Führungsfähigkeit" soll Wählerstimmen mobilisieren. Ob sie das in dem Maße tut, wie Schröder erhofft, ist eine offene Frage. In diesem Punkt ist ein anderer Zweifel berechtigt: Bei einem Medienkanzler wie Schröder ist man unsicher, aus welchen Motiven wesentliche Entscheidungen getroffen werden.

Überwiegen in bestimmten Entscheidungssituationen eher wahlwirksames Verhalten oder sachliche Beweggründe, die im Interesse der Bevölkerung liegen?

Ihm fällt es nicht schwer, sich so darzustellen, dass man das Gefühl hat, sein politisches Handeln sei sachlich begründet. Gleichzeitig drängt sich dem kritischen Beobachter der Eindruck auf: Das ist ein Kanzler, dem es eher um die Befriedigung seines Geltungsbedürfnisses geht.

Geltungsbedürfnis ist eine naturgegebene Grundeigenschaft des Menschen.

Ohne Medien kamen früher Menschen nur im eigenen Dorf zur Geltung.

Heute, je nach Aktualität, weltweit. Aus einem normalen Geltungsbedürfnis kann so Geltungssucht, ja Geltungsgeilheit entstehen. Die Fälle in letzter Zeit häufen sich (Stichwort: Reich-Ranicki, Möllemann).

Als Kanzler der Bosse, wie er volkstümlich genannt wird, hat er einen weiteren Vorteil. Bosse stehen gern im Rampenlicht, im Medienmittelpunkt eines Millionenpublikums. Stehen Kanzler und Boss(e) im Fernsehen nebeneinander, prägt man sich unbewusst die optische Verbindung „Kanzler-Boss" ein. Sieht man in einer späteren Sendung den Kanzler ohne einen Boss, assoziiert man unwillkürlich das zuvor aufgebaute Bossimage. Warum also sucht ein Kanzler die Nähe zu Bossen? Vermutlich um sein Werbeimage zu steigern.

Ein gesundes Geltungsbedürfnis entspricht Schröders Natur. Das ist seine unverdiente Disposition. Ihm gelang es, diese Eigenschaft zur Fähigkeit zu stilisieren. Sein Selbsterziehungsergebnis wurde zu seiner zweiten Natur. Seine angeborene natürliche Eigenschaft plus seine anerzogene zweite Natur lassen sein mediensensibles Auftreten als selbstverständliche Natur erscheinen. Darin liegt sein Erfolg. Bleibt allerdings der politische Erfolg aus, und es geht bergab, einerlei wo die tieferen Ursachen liegen, wird der Wähler skeptisch. Er denkt: Ist das nur ein Krisenmanager? Hat er überhaupt ein Zielkonzept? War das bisher nur schauspielerische Oberfläche, Fassade mit glänzendem Lack? Ist jetzt der Lack ab?

Unser Kanzler ist durchaus ein hochqualifizierter Medienkanzler. Ist er auch ein Regierungs-Kanzler, ein Kanzler, der regieren kann? Wen regieren? Seine Mitbürger! Wie regieren? Nun ja - : Dass z.B. die Arbeitslosen weniger werden.

Ein Medienkanzler birgt die Gefahr, dass er mehr für sein Selbstbildnis in den Medien tut als für das Wohlergehen seiner Mitbürger.

Was ist zukunftsbedeutsamer: Medienschein oder Seinsveränderung?

Geltungsbedürfnis   20.06.02

Der Fall Ranicki-Walser, Möllemann-Friedman
Ein lebenslanges Pendeln zwischen triebgesteuertem Verhalten und Vernunft (Verstand)

Wenn die Triebenergie mit zunehmendem Alter nachlässt, spürt man oft nur noch die Sehnsucht. Sie wird dann bewusst willentlich gleichsam als letzte Reserve zu mobilisieren versucht. Einigen gelingt dies, anderen nur unvollkommen. Die unvollkommen Sehnsüchtigen bilden sich eine Empfindung ein, die in der Jugend stärker war.

Die Mobilisierungssehnsucht beruht nicht auf realer Triebenergie. Sie ist Produkt längst vergangener Zeiten, Phantasie durch Erinnerung. Dockt sie an das Geltungsbedürfnis an, bekommt dieses einen Schub, das die Öffentlichkeit sucht.

Was hat außerdem parallel dazu abgenommen?

Der Sexualtrieb, die Zeugungskraft? Der Aggressionstrieb? Der Machttrieb? Der Nahrungstrieb?

Triebschwächen erlebt man als Frustration – das Alter kostet seinen Preis.

Was bleibt? Aus der letzten Energiereserve wird dann die kampferprobte Sprachwaffe mobilisiert. Mit welchem optischen Ergebnis? Die beiden alten Herren Ranicki und Walser figthen sich in der offenen Medienlandschaft.

Die verloren gegangene Triebkraft wird erneut stimuliert, nicht physisch jungbullenhaft energiegeladen, sondern nur psychisch ernsthaft.

Sie bedienen sich der Tools der Medienmacht, mächtiger als Regierungsmacht, glauben an Sachlichkeit und Moral.

In Wahrheit werden sie im Gefühlsleben bestimmt von einem fiebrigen Reiz, der als Triebersatz erotisiert. Es entsteht eine wohltuende Empfindung, der die welkende Physis nicht mehr annähernd zum Beben bringt.

Der Reiz des Geltungsbedürfnisses ist nur noch fähig, sich der Werkzeuge des Verstandes zu bedienen. Seine Ausdrucksformen in den Medien ist der künstlich erzeugte Gipfel der Unvernunft. Der nach öffentlicher Geltung Gierende bedient sich eines hochentwickelten Medienmittels (der millionenfachen, bildlichen Selbstdarstellung). Furchtlos ohne Höhenangst stilisiert er sich, der eitle Mensch, zur kreatürlichen Lächerlichkeit.

Wie schade! Mutters Ratschlag „Kind, sei vernünftig" ist verloren gegangen. Die beiden Zweiergruppen, Ranicki/Walser und Möllemann/Friedman, unterscheiden sich lediglich hinsichtlich des Alters. Alle vier Personen haben gemeinsam: Sie tun so, als ob es nur um die Sache ginge.

Ob sie bis zu ihrem Lebensende noch Maß und Mitte finden?

Ambivalenz 12.06.03

Ein Provokateur mit moralischem Anspruch: Friedman

Gegen Michel Friedman wird seit gestern wegen des Verdachts auf Drogenbesitz ermittelt (Kokain).

Friedman ist Rechtsanwalt mit juristischem Doktortitel. 1983 trat er der CDU bei, wurde 1994 in den Bundesvorstand seiner Partei gewählt, ist Präsident des Europäisch Jüdischen Kongresses, Vizepräsident des Zentralrats der Juden in Deutschland und Träger des Bundesverdienstkreuzes 1. Klasse. Seine Talk-Show „Vorsicht! Friedman" steigerte seinen Bekanntheitsgrad durch hohe Einschaltquoten. Man fragte sich bei jedem einzelnen Gast dieser Gesprächsrunde: Will er eine vernünftige Botschaft an das Publikum transportieren oder nur Publicity? Es gibt Gesprächsteilnehmer, die beides wollen.

Friedman gebärdete sich als Gesprächsführer oft wie ein intoleranter Chefankläger, als ob er die einzige moralische Instanz wäre.

Das moralische Wort im Munde führen oder gar mit der Moralkeule schwingen, sagt nichts aus über den inneren Zustand einer Person. Menschen pendeln ambivalent zwischen moralischer Erwartung gegenüber sich selbst und anderen, einerseits und andererseits: lassen sie sich leicht verführen, zugunsten eines Gefühls, das sie erleben möchten. Wer hätte dafür kein Verständnis.

Im Medienzentrum zu stehen, ist eine geeignete Möglichkeit, um jenes Gefühl auskosten zu können. Bedient man sich dieses Mediums, muss man damit rechnen, dass das Richter-Auge der Kamera einen jederzeit „vernichtend" erwischen kann. Entsteht nun ein Gegensatz zwischen Medienschein und Persönlichkeitsschwäche, verliert man an Glaubwürdigkeit. Schwächen privat sind eher zu entschuldigen.

Verhielten sich Eltern und Bezugspersonen wie Friedman, verlören sie gegenüber jungen Menschen ihre Vorbildrolle. Umso mehr, wenn man eine mediale öffentliche Person darstellt. Vorbilder sind für eine normale gesunde Identitätsentwicklung unverzichtbar. Solche oder ähnliche Fälle erhöhen das Misstrauen. Glaubwürdigkeit und Vertrauen nehmen ab. Ungünstig für die Beziehungen zwischen Menschen in einer Risikogesellschaft, die zunehmend unter einem Verlust an Orientierung leidet.

Gerechtigkeit

Agenda 2010   03.05.03
Wachsende Kluft zwischen Armut und Reichtum

Gefahr sozialer Polarisierung

Schröders Reformverschläge in der Agenda 2010 sind lediglich Hoffnungsschrittchen. Bis sie gesamtgesellschaftlich wirken: Das kann Jahre dauern.

Die Zumutungen sehen so aus: Kürzere maximale Laufzeiten für das Arbeitslosengeld für ältere Arbeitnehmer (von 32 auf 18 Monate), Reduzierung der Arbeitslosen-

hilfe auf Sozialhilfesatz, langsamere Steigerung der Renten, mehr Selbstbeteiligung im Gesundheitswesen, geringe Einschränkungen beim Kündigungsschutz.
Gutverdiener, Großverdiener, Riesenvermögende sind am wenigsten betroffen.
Ebenso wenig: Politiker, Gewerkschaftsführer, Manager, Chefs usw.
Die schmerzlich Betroffenen sind jene 1,5 Millionen Beschäftigten in Niedriglohngruppen, die mit teils weniger als 1200 Euro im Monat über die „Runden" kommen müssen. Geplante 15 Euro „Eintrittsgeld" beim Facharzt und 20 Euro für eine Krankengeldversicherung grenzt für diese Gruppe an „Heimsuchung". Die Zahl einkommensschwacher und verschuldeter Haushalte nimmt stetig zu.
Was auch erwähnt werden muss: Jeder fünfte Arbeitslose bemüht sich nicht ernsthaft, Arbeit zu suchen (20,7 Prozent, knapp 1 Million), kassiert dennoch Sozialleistungen. Oder: Die Sozialhilfe für eine vierköpfige Familie kann 1500 Euro netto monatlich betragen. Überzogen! - im Vergleich zu arbeitenden Niedriglohnempfängern.
Oder: Etwa 10 Prozent der Haushalte verfügen über rund die Hälfte des Gesamtvermögens, die übrigen 90 über den Rest. Die soziale Polarisierung wird zur explosiven Gefahr.
Lösungsansatz: Mehr Gerechtigkeit für die wirklich Bedürftigen und stärkere Beteiligung der Reichen an der Finanzierung des Staates.

Gewalt

Mechanismen brutaler Gewalt   09.08.02

Ein zwanzigjähriger Russlanddeutscher zu mir: „In Russland sagten sie zu mir ´scheiß Deutscher´ und hier ´scheiß Russe´.

Außenseitergefühl und Außenseiterposition sind Ursache emotionaler Unzufriedenheit. Mangelnde Kommunikation und Konflikte nach allen Seiten rechtfertigen keine Gewaltanwendung.

Gewalt-Gruppen agieren instinktiv. Angeborene Programme, beruhend auf dem biologischen Erbe des Menschen, steuern das Antriebsverhalten für Aggressivität. Je erfolgreicher Gewaltformen praktiziert werden, desto stärker verfestigen sie sich. Das bedeutet: Angeborene Dispositionen sind die Grundlage. Was sich daraus entwickelt, die Ausprägung der Gewalt, ist umweltbedingt.

Derjenige, der zu besonders brutalen Formen fähig ist, wird zum Gruppen-Führer. Die übrigen Gruppenmitglieder passen sich unterordnend an. Man ahmt den Anführer nach und erfährt dadurch Anerkennung innerhalb der Gruppe. Das Anerkennungsbedürfnis muss auf dem sozialen Hintergrund gesehen werden. Wer als Fremder in einem fremden Umfeld eine Außenseiterrolle einnimmt, hat ein besonderes Bedürfnis nach Anerkennung. Realisierung von Gewalt bedeutet für einige gleichzeitig Triebbefriedigung des Aggressions-, Macht- und Sexualtriebes.

Die Gewalt-Konkurrenz zu anderen Gruppen gleicher und verschiedener Nationalität wirkt wie ein Motor: Sie steigert die Brutalität. Die brutalste Gruppe gelangt zu höchstem Ansehen. Wie einer durch ausgefallene Brutalität zum King innerhalb der Gruppe wird, so wird die Gruppe zur King-Gruppe, die sich von den anderen durch extreme Brutalformen abhebt und auffallend erfolgreich in der Durchsetzung ihrer Interessen ist: Diebstahl, Raub, Erpressung, Vergewaltigung, Mord. Lösungsansatz: Vorerst wird es keine grundsätzliche Lösung geben. Die Erziehungseinrichtungen (z.B. Familie, Schule) müssen langfristig um Integration bemüht sein. Eine Verbesserung kann nur erreicht werden, wenn die Gewalterfolge Schritt für Schritt unterbrochen werden.

Gewaltspirale

Gewalt an Frauen und Kindern   28.11.02

Wie kann die Gewaltspirale durchbrochen werden?

Eine schnelle Therapie hat niemand parat. Eine Annäherung an verbessernde Lösungsmöglichkeiten sind denkbar.
Religion und kulturelle Werte haben in ihrer Wirkung als triebsteuerndes Erziehungsmittel zur Aggressionskontrolle sichtbar abgenommen. In allen Schichten unserer konsumorientierten Industriegesellschaft sind eine dramatische Zunahme aggressiver und gewalttätiger Verhaltenweisen zu beobachten. Selbst Mädchen prügeln sich in Kindergärten und Schulen augenfällig häufiger als noch vor Jahren. Und die Ursachen?
Grenzziehende Erziehungswerte sind zugunsten von Konsumorientierung in den Hintergrund getreten.

Bereits Kinder setzen frühzeitig Konsumwünsche aggressiv durch. Erfolg erhöht die Aggressionsbereitschaft.

Gewalt auf dem Bildschirm hat Vorbildfunktion. Je mehr Bildschirmkonsum, desto niedriger werden die Hemmschwellen, desto größer die Gewaltbereitschaft – beim männlichen und weiblichen Geschlecht. Schlimmer noch: Gewalt wird mit Vergnügen verknüpft. Wenn Gewalt Lust bereitet, sucht man Auslöseimpulse, um durch Gewalt lustvolle Empfindungen zu erleben. Gewalt beginnt mit Angriffs-Lust. Daher die hohe Rate sexueller Gewalt.

Physische Gewalt von Männern gegen Frauen, in seinen brutalen Formen, verletzt tiefgreifend, physisch und psychisch. Langandauernde Traumata können die Folge sein. Psychische Gewalt wirkt unter bestimmten Bedingungen nicht weniger traumatisch. Physische und psychische Gewalt von Frauen und Männern gegen Kinder (Mädchen und Jungen) findet man vor allem im häuslichen Bereich (Familie, Kindergarten, Schule). Weibliche Gewalt wird oft verschwiegen, relativiert und bagatellisiert. Sie ist keinesfalls ein Mythos. Dunkelziffern lassen keine eindeutige Statistik zu.

Lösungsansatz: Erkennen der Ursachen für Gewalt. Abreaktion von Energie durch körperliche Tätigkeiten. Frühzeitige Erziehung zur Aggressionskontrolle durch Aufbau von Hemmschwellen. Bestrafungen darf nicht ausgewichen werden. Einüben von Konfliktfähigkeit durch friedliche Formen der Konfliktregelung.

Glaubwürdigkeit

Unsere Jugend   30.07.02
benötigt glaubwürdige Vorbilder

Privat genutzte oder verschenkte Bonusmeilenflüge verdeutlichen egozentrische Raffgier. Im Lateinischen bedeutet „bonus" u.a.: charakterlich, edel, sittlich, ehrenhaft. Das Bonusverhalten ist umgeschlagen in unsittliche Unehrenhaftigkeit!
Wer an der sprudelnden Quelle sitzt, neigt dazu, Wasser zu verschwenden. Nicht nur die Spitzenverdiener in Politik und Wirtschaft unterliegen der Verführungsanfälligkeit. Ebenso Kinder und Erwachsene in der Konsumumwelt.
In einer reizüberladenen Verführungsgesellschaft kann man nicht erwarten, dass sich der Mensch in Verführungssituationen willensstarke Selbstkontrolle auferlegt. Also müssen die Regeln so verändert werden, dass die Gefahren für ein Ausweichen in Verführungsreize verringert werden. Regelwidriges Bonusmeilenfliegen ist wie ein verführerischer Seitensprung. Die Verschwendungsmentalität breitet sich aus wie ein Virus, resistent gegenüber jeglichen Therapieversuchen.
Sie sind unterschiedlich zu bewerten. Sie liegen aber alle auf einer Linie, der unnötigen finanziellen oder materiellen Verschwendungssucht: die Fälle Gysi, Özdemir, Scharping, Hunzinger, Sommer, Esser und viele andere. Verschenkte Flüge (Fall Gysi und andere) sind zusätzliche Flüge, die teuren Treibstoff kosten. Wir verfügen nur über ein Boot, in dem wir alle gemeinsam sitzen: dem Boot Erde. Verschwendung in Bezug auf Konsum und Rohstoffe gefährden unser Überleben. In der Falle

des Kurzzeitdenkens zu verharren, kann langfristig gefährlich werden.

Nicht nur Rohstoffe werden verschwendet, sondern Steuergelder, die von der Bevölkerung erarbeitet wurden. Verschwendungsmentalität ist letztlich Missbrauchsmentalität. Verschwendet man Rohstoffe, missbraucht man die Natur. Vergeudet man fremdes Geld, missbraucht man die Gesellschaft. Die 1,2 Billionen, die unser Staat verschuldet ist, haben die politischen Entscheidungsträger auf dem Gewissen. Sie selbst verdienen üppig, geben unser Geld maßlos übertreibend aus und bedienen sich darüber hinaus noch heimlich und regelwidrig aus der Gesellschafts-Kasse (Bundeskasse).

Was wir brauchen, sind glaubwürdige Vorbilder, Vorbilder, die würdig(wert) sind, an sie zu glauben. Wer verliert seine Glaubwürdigkeit? Wer anders handelt als er redet. Wer Verzicht predigt und maßlos auf Kosten von anderen handelt, ist für eine Vorbildfunktion ungeeignet. Wer der egozentrischen Raffgier einen höheren Stellenwert einräumt als den zwischenmenschlichen Wertbeziehungen, mit dem kann und will sich keiner identifizieren. Unsere Jugend benötigt glaubwürdige Vorbilder! Es kommt nicht von ungefähr, dass etwa 52% der jungen Menschen einen Hang zum Misstrauen haben.

Was bewirken die vielen Vorteilsegoisten? Gestern noch waren sie Vorbild und heute werden sie von uns misstrauisch beäugt. Begegneten sie uns auf einem Spaziergang, würden wir instinktiv Distanz einnehmen: weil bei ihnen moralischer Anspruch und unehrenhaftes Handeln zu weit auseinander klaffen.

Unsere vorbildeinsame Gesellschaft benötigt verlässliche Vorbilder. Verlässliche Glaubwürdigkeit kann man lernen: Wer sich dauerhaft und nachhaltig darum bemüht, sein Reden mit seinem Verhalten ins ungefähre Gleichgewicht zu bringen. Glaubwürdigkeit muss nicht vollkommen sein. Eine selbsterziehende Annäherung reicht aus. Wer das in seinem steten Bemühen erzielt, wird zum haltgebenden Vorbild.

Unsere Jugend braucht keine Ersatzvorbilder in Form von materiellen Trendsachen oder Statussymbolen. Je mehr die natürlichen Vorbilder abnehmen und die Scheinvorbilder zunehmen, desto stärker wendet man sich dem Konsum als Ersatzbefriedigung zu. Langfristig bedeutet das: Steigerung des Lebensstandards auf dem Hintergrund weltweiten Bevölkerungswachstums vernichtet Ressourcen und gefährdet das Überleben der Menschheit.

Global-Wohl

Weltmacht-überhebliche   31.08.02
Wirtschaftsinteressen über dem Global-Wohl

Eine Gerechtigkeitsregion im menschlichen Gehirn?

Amerikanische Anthropologen behaupten: Das menschliche Gehirn besitzt ein „Gerechtigkeitsmodul". Das Gehirn sei in der Evolution nicht nur größer geworden, sondern habe auch einen speziellen Sinn für Gerechtigkeit entwickelt. Sie stützen ihre These auf Beobachtungen an einem gehirngeschädigten Patienten (vgl. Magazin, Sa., 31.08.02, S. 2).

Man weiß inzwischen, dass die Fähigkeit des Menschen mitzuempfinden und mitzuleiden universell ist und auf angeborenen Dispositionen beruht. Der Mensch lebte die längste Zeit seiner Geschichte in Kleingruppen. Im

Vordergrund gemeinsamen Handelns standen Ernährung und Schutz gegenüber Gefahren. Überleben war nur möglich, wenn von der zur Verfügung stehenden augenblicklichen Nahrung (und die konnte je nach Bedingungen gering sein) alle ihren Anteil bekamen.

Das heißt: Die Gruppe musste sich so verhalten, dass im Machtkampf niemand zu kurz kam. Die Wahrscheinlichkeit des Überlebens hätte sich deutlich verringert, wären einige ständig leer ausgegangen. Ein so über Jahrtausende praktiziertes Verhalten wurde in den Erbanlagen und damit im Gehirn programmiert. Die Ausprägung eines Gens ist immer auch von den Umweltbedingungen abhängig. Sind diese so, dass ein Gerechtigkeitsverhalten nicht stimuliert wird, verkümmert das Verhalten.

In den gegenwärtigen materiellen Wohlstandsgesellschaften hat das Gefühl für Gerechtigkeit an Bedeutung verloren. Die Regale der Märkte stehen voll. Nahrung ist im Überfluss vorhanden und wird teils missachtend verschwendet oder weggeworfen. Sie muss nicht, wie in Mangelgesellschaften, gerecht verteil werden.

Die reichen Länder haben gegenüber den armen teils die Sensibilität für Gerechtigkeit verloren. Erneut stellt z.B. die USA ihre machtüberheblichen, egozentrischen Wirtschaftsinteressen über das Global-Wohl: Sie entzieht sich eiskalt einer Regelung zum Klimaschutz, die im elementaren Überlebensinteresse aller Menschen liegt. Für den kranken Patienten Erde und seine Bewohner, die ihre Kinder über alles lieben, hat sie kein Mitgefühl!

Hemmschwelle

Sinkende Hemmschwellen - zunehmende Aggressivität

02.05.02

Es gibt keine Alternative: Eine Strukturreform im Bewusstsein und in der Erziehung ist dringlicher denn je, und zwar in den Bereichen Elternhaus, Kindergarten, Schule und Gesellschaft.

Warum sinken die Hemmschwellen? Warum nehmen die Aggressionen zu?

Charakteristische Merkmale unserer Lebensbedingungen führten zu den folgenden Schlagwörtern: Konsum-, Überfluss-, Verschwendungs-, Verschleiß-, Wegwerf-, Spaß-, Ego-, Angst-, Hass-Gesellschaft.

Unsere hochindustrialisierte Wirtschaft produziert u.a. Massenprodukte, die sie real, informativ und durch Werbung anbietet. Das Angebot stößt auf potentielle Interessenten (Kinder, Jugendliche, Erwachsene), die zum Kaufen stimuliert werden. Die Konsumsehnsüchte richten sich zunehmend auf materiellen Luxus. Haben-wollen bestimmt zeitweise überstark unser Sein (Gefühlsleben und Bewusstsein). Die Antriebskraft des Habens resultiert aus der Triebstruktur des Menschen, dem Nahrungs-, Sexual-, Macht- und Aggressionstrieb. Ziel eines jeden Triebes ist entspannende Befriedigung, die auch als Lust oder Vergnügen bezeichnet wird. Jugendliche verfügen im Vergleich zu Erwachsenen über eine höhere Triebenergie.

Lust und Vergnügen, eine Steigerung derselben (noch mehr!), ist die Kraft, die besonders junge Menschen antreibt, ihre Interessen mit solcher Stärke zu verfolgen, dass z.B. Eltern und Lehrer in diesem Machtkampf oftmals unterliegen. Typische Äußerungen in Konfliktsituationen sind: Das schmeckt mir nicht. Das will ich jetzt nicht. Der hat das, ich will es auch. Mir ist langweilig, ich hab keine Lust. Darauf hab ich keinen Bock, …

In den letzten Jahren sind Kinder und Jugendliche ihren Erziehern gegenüber immer mächtiger geworden. Immer häufiger kommt es vor, dass Erwachsene sich den Wünschen unterordnen.

Unlustempfindungen und Misserfolgserlebnisse werden seltener akzeptiert oder gar ausgehalten (siehe Amoklauf von Erfurt, 26.04.02). Versuchen Eltern oder Erzieher das Luststreben durch Grenzziehungen einzuschränken, proben Kinder und Jugendliche den Aufstand, einige terrorähnlich. Ihre mangelnde Frustrationstoleranz kann sich in Aggressivität steigern, die sie dann an Dingen und Menschen teils verletzend oder zerstörerisch abreagieren - in zunehmendem Maße ohne Hemmungen und Schuldgefühle.

Bislang konnten junge Menschen ihre Verwöhnungsinteressen gegenüber ihren Bezugspersonen weitgehend bei vielen Gelegenheiten durchsetzen. War ihr Durchsetzungswille oftmals erfolgreich (Nahrung, Kleidung, Fernsehsendungen, Videos, Computerspiele, Treffs, Diskos, eigenes Auto und vieles mehr), wird er immer aggressiver zu verwirklichen versucht. Ist man über Jahre auf vielen Verwöhnungsebenen erfolgreich, kann man zum durchsetzungswütigen Egoisten werden, der nicht mehr verzichten kann (siehe Egogesellschaft). Hat Aggressionsverhalten mehrmals Erfolg, wird es verstärkt und in zukünftigen Situationen erneut angewendet. Durch täglichen Medienkonsum erfährt dieses Verhalten eine zusätzliche Verstärkung. Aggressivität und Gewalt, Beschädigung und Zerstörung von Dingen und Menschen können in den Köpfen zur selbstverständlichen Normalität werden. Medieninhalte und Lebenssituationen vermischen. Fiktion und Realität lassen sich nicht mehr auseinander halten.

Ein Entwertungs-Bewusstsein, mangelndes Mitempfinden und Einfühlungsvermögen sind die unausweichlichen Folgen.

Hat sich ein solches Verhalten verfestigt, ist man nicht mehr fähig, sich den sozialen Regeln in den Erziehungsinstitutionen (Familie, Kindergarten, Schule usw.) anzupassen.

Solche Kinder neigen dazu, im schlimmsten Fall, z.B. Erzieher, Mitschüler und Lehrer zu terrorisieren. Sie erzeugen eine angespannte Arbeitsatmosphäre, in der Konzentration auf das Lernen oftmals unmöglich ist.

Was fehlt? Sie haben zu wenig gelernt, soziale Normen zu verinnerlichen. Im Erziehungsprozess konnten sich keine Schuldgefühle und Hemmungen entwickeln, weil auf falsches Verhalten gar nicht, kaum oder ziellos reagiert wurde Bildlich gesprochen: Die an der Erziehung Beteiligten müssen frühzeitig, rechzeitig an neuralgischen Punkten wirkungsvoll Hemm-Schwellen einbauen, damit gewissensbildende Selbstkontrollen (stärkere Hemmungen) verinnerlicht werden (Hemmungen vor verletzenden, zerstörerischen Formen der Aggressivität und Gewalt).

Die gegenwärtige Situation junger Menschen ist nicht zu beneiden. Die vielfältigen, negativen Faktoren, vor denen man sie nicht abschirmen kann, haben Einfluss auf Bewusstsein, Gefühl und Verhalten. Die Art des Fehlverhaltens, überwiegend aus der Wohlstandssituation resultierend, ist in allen Industrienationen zu beobachten.

Tendenziell sind folgende Problemzonen überstark erkennbar: Zu große Verhaltensspielräume. Verwöhnungshaltungen. Rückgang von Anstrengungsbereitschaft und Leistungsfähigkeit. Aggressivität und

Gewalt. Zunahme krimineller Kinder. Steigende Zahl derjenigen, die sich verschulden. Kinder, die rauchen, werden immer jünger; Drogenkonsum usw.

Höflichkeitserziehung

Höflichkeitserziehung 11.02.03

Kraftausdrücke immer häufiger

Höfliche Umgangsformen auf den Stundenplan setzen Endlich eine Initiative – für eine Höflichkeitserziehung in der Schule!
Der Regionalverband Bildung und Erziehung (VBE) fordert 15 Minuten Höflichkeitserziehung pro Woche, in Absprache der Lehrer einer Klasse. Sehr gut.
Wirkungsvoller auf Dauer wären Höflichkeitsvereinbarungen für die gesamte Schule. Positive Umgangsformen lassen sich im Rollenspiel einüben. Einmal automatisiert und verinnerlicht, erhöht sich die Chance, dass sie im täglichen Miteinander auch praktiziert werden. Höflicher Umgang muss von klein auf in der Familie beginnen.
Nette kultivierte Formen des Umgangs verbessern das Klima und das Verhalten zwischen Menschen, ob beim Spiel, in der Freizeit oder beim Arbeiten. Höflichkeit lockert - und dazu Humor - steigert die Leistungsfähigkeit. Unhöfliche Umgangsformen haben nicht nur in der Schule, sondern in vielen Bereichen deutlich zugenommen. Angreifend kämpferische Reize tagtäglich, verbale und körperliche, praktizieren Medienvorbilder zigfach. Das färbt ab. Kinder ahmen nach. Ein Negativbeispiel, zunehmend zu beobachten:

Mütter (seltener Väter) bringen ihr Kind in den Kindergarten oder in die Grundschule. Es ist knatschig. Es will nicht. Die Mutter: „Jetzt geh endlich!" Die Situation spitzt sich zu. Das Kind schließlich bedient sich eines Kraftausdrucks und der Fäkaliensprache und tritt in Richtung Mutter.

Wie reagiert man angemessen in einer solch emotional-aufgeladenen Situation?

Eine neutrale Reaktion wäre sicher falsch, weil sie ermutigt und dadurch die Wahrscheinlichkeit einer Wiederholung vergrößert. Eine Reaktion muss sofort erfolgen, und zwar eine spürbare. Nur welche? Ein zorniger Blick reicht nicht.

Jedenfalls eine Strafe, dem Kind angepasst, ohne seelische Verletzung.

Ein Verhalten, das Autorität zerrüttet, hat sich in Familie und anderswo zu sehr ausgebreitet. Dies darf nicht hingenommen oder gar gefördert werden, nach dem Motto: Es lässt sich nichts verbessern. Falsch.

Ausdauerndes Einüben und kontrollierter Medienkonsum, von Kindes Beinen an, führt zum Erfolg! Ignorieren ist der falsche Weg.

Idol

Vom Noch-Idol zum Idol-Verfall 25.10.02

Boris Becker als umschwärmtes Idol der Jugend können wir getrost begraben.

Freude über „Haarscharf am Gefängnis vorbei" oder über „nur zur Bewährung verurteilt" verdeutlicht den Zwiespalt zwischen Noch-Idol und Idol-Verfall.

Ein junger Mensch von 17, seinerzeit falsch und materialistisch beraten, medienerhöht, geriet leicht aus dem Fahrwasser.

Welche weittragenden Konsequenzen hat ein zunehmender Vorbild-Verlust für die sozialen Beziehungen in einer Gesellschaft?

Die Haushalte, aufgebläht durch geliehenes Kreditgeld, die moralische Unglaubwürdigkeit von Politikern und anderen Menschen, der Konsumfetischismus, der Kapitalismus-Egoismus, weltweite Umweltzerstörungen sind keine haltgebenden Anker.

Werden die wahren Vorbilder unaufhörlich weniger, nehmen die falschen unweigerlich zu. Suchen besonders junge Menschen im Prozess der Identifizierung nach wahren Vorbildern und finden sie nicht, greifen sie zu den falschen, ohne es zu wollen. Was dann geschieht, beginnt unmerklich: Die eigene Glaubwürdigkeit wird brüchig. Haltsuchende Sehnsucht droht in haltloses Denken und Verhalten abzugleiten.

Ein Abtriften in Wert-Unsicherheit bei jungen Menschen, und übrigens auch bei Erwachsenen, führt zu einer kränkelnden Vertrauensbasis. Zunehmendes Misstrauen breitet sich aus, egozentrisch-aggressives Verhalten verstärkt sich.

Der soziale Weitblick für negative Auswirkungen des Verhaltens weicht auf.

Bescheidenheit und Verzicht zugunsten zukünftiger Generationen verlieren an Bedeutung.

Boris Becker ist nur ein Mosaiksteinchen des Idol-Verfalls unter unendlich vielen.

Imponiergehabe

Imponiergehabe bei Hirschen und Menschen - Hirschbrunst   26.09.02

Einen Hirsch kennt jeder, hoffe ich.

Ein Rot- oder Edel-Hirsch trägt ein imposantes Geweih. Eine viel endige Stange schließt mit einer Krone ab. Spricht man von edler Geburt oder von Krone, meint man einen Adeligen. Im Laufe der Stammesgeschichte wuchs das Geweih unablässig. Warum? Das jahrtausendlange Imponieren hat die Wachstumskräfte aktiviert. Der Hirsch brilliert damit gegenüber den Rivalen und den Weibchen.

Der mit dem mächtigsten Geweih gilt aus der Sicht der Weibchen als besonders überlebensstark. Also hat er die größte Paarungschance. Sich mit einem solchen edlen „Kerl" einzulassen, so ein Naturgesetz, erhöht die Wahrscheinlichkeit für überlebensstarke Nachkommen.

Das Brunftgeröhre des Platzhirsches, das Rivalen vom Rudel abhalten soll, ist neben dem Geweih ein weiteres allzu deutliches Imponiersignal. Imponiermerkmale und Imponierverhalten kann man bei allen in Gruppen lebenden Säugetieren beobachten, den Menschen mit einbezogen.

Wie der Hirsch mit seinem Geweih, will der König mit seiner Krone imponieren. Diese soll seinen obersten Rang betonen.

Die modernen Geweihe oder Kronen sind die Markenklamotten, Statussymbole, die ganze Palette der Imponiermerkmale. Was will man erreichen? Aufmerksamkeit in der Gruppe. Gelingt dies nicht, entstehen Ängste vor der Außenseiterrolle.

<u>Merke:</u> Ein Hirsch mit Mini-Geweih hat im Rivalitätskampf keine Fortpflanzungschance. Gelegentlich hört man männliche Jugendliche in der Pubertät durch Brunftgeschrei, ohne über ein Rudel Weibchen zu verfügen.

Kannibalismus

Kannibalismus   23.12.02

Kannibalismus kommt in unserer Zivilisation selten vor. Sprachlich sind bekannt: Jemanden zum Fressen gern haben. Liebe geht durch den Magen. „Rotkäppchen und der Wolf", „Der Wolf und die sieben Geißlein" und andere Märchen beinhalten Menschenfressen in symbolischer Form. In der griechischen Schöpfungsmythologie frisst der Gott der Zeit (Chronos) seine eigenen Kinder. In der Gegenwart ist der Fall des achtfachen Mörders J.G. Kroll (1982) bekannt, der das Fleisch kleiner Mädchen im Suppentopf kochte. Der zentralafrikanische Kaiser Bokassa konservierte seine Gegner stückweise in Gefriertruhen. Weitere Beispiele ließen sich leicht finden.
Oder Filme machen sich das Thema zu eigen: Grüne Tomaten. Schweigen der Lämmer. Der Koch, der Dieb, seine Frau und ihr Liebhaber.
Gebote und Sitten der jüdisch-christlichen Kultur belegten Kannibalismus mit einem Tabu, das bis heute besteht. Sittliche und kulturelle Werte verlieren zunehmend an Einfluss. Medien begünstigen diesen Prozess. Hemmschwellen werden leichter überwunden. Das Internet eröffnet Zugänge zu möglichen Opfern.
Der Fortpflanzungstrieb des Menschen, seine sexuelle Dynamik ist Motor seines Denkens, Fühlens und Ver-

haltens, gleichsam Paradiesersatz. Das ganze Jahr über – im Gegensatz zu anderen Säugetieren – besteht sexuelle Bereitschaft, verbunden mit erotisch-sexueller Gestimmtheit.

Kannibalismus stellt eine abnorme Form sexuellen Lustempfindens dar. Der Täter giert nach sexuellem Reiz mittels des Instruments des Mordes. Die Hemmschwelle zur Tötung tritt zugunsten des Lusterlebnisses in den Hintergrund. Dieses ist – bereits in der Phantasie – so berauschend stark, dass der eigentliche Tötungsakt nicht schwer fällt. Trieblust verdrängt die Tötungshemmung.

Nach der Ermordung des Opfers steigert sich der Erwartungsrausch. Nun beginnt der Prozess des Einverleibens - stückchenweise. Empfindungen der Leidenschaft und der Dominanz begleiten und beflügeln den „Fressvorgang" - wie kleine Stromstöße. Nach Abschluss der Verinnerlichung ist das geballt gestaute Triebbedürfnis vorerst befriedigt: der Nahrungstrieb durch frisches Menschenfleisch, der Aggressionstrieb durch den blutigen Tötungsakt, der Machttrieb durch die genüssliche Einverleibung. Der Täter gibt sich dem Gefühl hin: Du gehörst jetzt mir allein. Niemand kann Dich mir wegnehmen.

Die aggressiv-sexuelle Dominanzenergie des Kannibalismus findet man nur beim männlichen Geschlecht.

Konkurrenz

Konkurrenz – bis zur Zerstörung   14.12.02

Materie beinhaltet kleinste Teilchen, die sich bewegen. Temperatur verändert Material. Auch das ist Bewegung, durch äußere Einflüsse. Bewegung ist ein Prinzip der Lebewesen. Nahrungssuche und Nahrungsaufnahme erfordern Bewegung. Angesichts von Bedrohung ist der Schnellste im Vorteil. Wettlauf, Wettstreit, Wettkampf sind stets mit Konkurrenz verbunden. Welcher Samen zuerst die Eizelle erreicht, befruchtet sie. Neben der Samenkonkurrenz findet man in der Natur Wachstumskonkurrenz bei Pflanzen. Diejenige, die zuerst das Licht erreichen, haben eine größere Überlebenschance.

Konkurrenz zwischen einzelnen Lebewesen, Konkurrenz innerhalb und außerhalb von Gruppen bringen arterhaltende Vorteile. Energie treibt zum Überleben an. Nahrungs- und Machttrieb, Nahrungs- und Machtkonkurrenz haben hier ihren Ursprung.

In der Frühzeit der Evolution standen Menschen in Nahrungskonkurrenz miteinander und zu Tieren. So entwickelten sich Überlebensstrategien, die in den Genen gespeichert und an die nächste Generation weitergegeben wurden. Der Wettkampf des Überlebens ließ den Menschen auf Ideen zur Erfindung von Werkzeugen und Waffen kommen. Primitive Werkzeuge dienten zunächst der Verbesserung der Nahrungsaufnahme. Mit einem Stein konnte man eine Schale aufschlagen, um zum essbaren Kern zu gelangen. Der spätere Faustkeil hatte eine Doppelfunktion: Man konnte damit ein Tier töten und anschließend das Fell abziehen.

Die differenzierte Weiterentwicklung bis zum gegenwärtigen technologischen Stand ist bekannt.

Menschengruppen, die, in Konkurrenz mit den anderen, über die besseren Waffen verfügten, konnten sich erfolgreicher durchsetzen. Die Erfindung des Pfluges revolutionierte die Landwirtschaft. Anstelle des bisherigen Grabstocks konnte man die Ernteerträge für eine wachsende Bevölkerung steigern.

Überlebenswettkampf war der Motor der Entwicklung. Der weltweite Austausch von Informationen, Waren und Dienstleistungen heutzutage beruht auf den Möglichkeiten von Telekommunikation, Computersystemen und Internet. Stichwort: Globalisierung.

Bei Säugetieren und Menschen, die in Gruppen leben, gibt es eine Rangordnung. Die Rangniederen stehen in Wettstreit mit den Ranghöheren. Rang und sozialer Status ist für Kinder und Erwachsene erstrebenswert. Der Wettstreit nach oben bestimmt unser Zusammenleben in Familie, Beruf, Gesellschaft und Staat.

Unternehmen konkurrieren national um Quantität, Qualität und Preis von Produkten. Bundesländer untereinander streiten um die beste Bildung. Staaten stehen in internationaler Konkurrenz zueinander, z.B. in Bezug auf Produktivität und Wirtschaftswachstum. Der nationale und internationale Sport kämpft in den einzelnen Disziplinen um die besten Plätze. Große und kleine Religionen, Weltanschauungen kämpfen, notfalls mit Krieg, gegeneinander. Eine Vernichtungsbedrohung besteht durch Waffenkonkurrenz und atomaren, biologischen und chemischen Rüstungswettlauf.

Die Wachstumsideologie, verbunden mit Maximierungsstrategien, hat zu einer die Umwelt belastenden Überproduktion in den Industrieländern und zur Vergeudung wichtiger Rohstoffreserven geführt. Erdöl, ein inzwischen begrenzter Rohstoff, weckt das besondere Interesse der Supermacht USA. Der Irak-Streit zwischen dem amerikanischen Präsidenten George Bush und dem irakischen Präsidenten Saddam Hussein droht in einen unvermeidlichen Krieg überzugehen. Selbst wenn die Uno-Inspektoren keine verdächtigen Vernichtungswaffen aufspüren, scheint ein Krieg von den USA gewollt und bereits eine beschlossene Sache zu sein. Für die Erdölquellen des Irak scheint die USA einen Wirtschaftskrieg zu riskieren.

Quantitatives Wachstum weltweit verstärkt Überproduktion und Umweltschäden. Eine globale Wirtschaftsethik ist die einzige Chance aus der Sackgasse.

Ihr Ziel muss die Qualität von Waren und die Reduzierung überflüssiger Billigprodukte sein. Das spart Energie und Rohstoffe und wirkt umweltschonend.

Kopftuch

Kopftuch im Unterricht? 05.07.02

Nach dem Urteil des Bundesverwaltungsgerichts in Berlin dürfen muslimische Lehrerinnen während des Schulunterrichts in Deutschland kein Kopftuch tragen.

Ich wäre aus überzeugter Toleranz dafür. Nur: Die Rechtspositionen unseres Landes sind konsequent zu beachten.

Inkonsequente Ausnahmeregelungen würden eine Folge weiterer Fälle nach sich ziehen. So würden Normen aufgeweicht und als Orientierungslinie an grenzziehender Bedeutung verlieren.

In diesem Fall geht es nicht allein um Rechtspositionen, sondern um realitätsbezogene Überlegungen: Welche Wirkung hat eine kopftuchtragende Lehrerin auf das Unterrichtsgeschehen? Trägt ihr Kopftuch dazu bei, Lernprozesse zu beeinflussen oder gar zu stören?

Kinder der Grundschule verhalten sich aufgrund ihres Entwicklungsstandes einer kopftuchtragenden Lehrerin gegenüber überwiegend sozialintegrativ, ein Lehrerkollegium höchstwahrscheinlich ebenso. Anders bei Jugendlichen in der Pubertät. Eine muslimische Lehrerin muss die Tatsache mit einbeziehen, dass Jugendliche dieses Alters unter einem erhöhten Triebpotential stehen. Sie suchen sich aufgrund ihrer gestauten Gefühlsenergie „schwarze Schafe" (Außenseiter), an denen sie sich durch Provokationen abreagieren. Außenseiter sind diejenigen, die sich von der gewohnten Norm abheben. Schüler heutzutage äußern ihre Gedanken und Empfindungen ungehemmter. So kann es zu folgender Äußerung kommen: „Wir müssen in der Klasse unsere Kopfbedeckung abnehmen und Sie behalten sie auf." Kommen zufällig noch weitere Eigenarten der Lehrerin hinzu, wird dies mit hoher Wahrscheinlichkeit zu konfliktreichen Komplikationen führen.

Sollte sich eine solche Lehrerin insgesamt gegenüber ihren Schülern nicht durchsetzen können, verliert sie zunehmend an Autorität. Die Konfliktspannungen nehmen zu. Darunter leidet das Lernklima. Lernerfolge werden behindert. Das kann so extrem ausufern, dass kein erfolgreiches Unterrichten möglich ist.

Das Bundesverfassungsgericht in Karlsruhe wird am 3. Juni 2003 über die Verfassungsbeschwerde einer muslimischen Lehrerin verhandeln. Diese beruft sich darauf, dass nach dem Grundgesetz niemandem wegen seiner religiösen Überzeugung der Zugang zum Staatsdienst verwehrt werden darf.

Kranich und Mensch

Ähnlichkeiten zwischen Kranich und Mensch

07.12.02

Der Kranich, größter europäischer Vogel, Symbol der Lufthansa, hat seit Jahrtausenden die Aufmerksamkeit des Menschen geweckt. Dies konnte die christliche Religion nicht verhindern, die den Menschen als bevorzugte Gattung über die pflanzlichen und tierischen Lebewesen erhob. „Machet euch die Erde untertan" hat zur zweckgebundenen Unterwerfung unserer natürlichen Lebensgrundlagen geführt. Gegenwärtig „stöhnt" die Erde unter der Last der Umwelterkrankungen.

Das Einfühlungsvermögen für unsere tierischen Vorfahren hat sich, dank der Medien und der Schule, bei einem Teil der Menschen zunehmend verbessert.

Ähnlichkeiten zwischen Mensch und Tier werden erkannt und akzeptiert.

Offensichtliche Zusammenhänge zwischen Kranich und Mensch sind nicht zu leugnen.

Der Schwarm der Kraniche schützt, wie die Gruppe, vor Feinden. Er erhöht die Überlebenschance. Wie der Mensch ernährt sich der Kranich von pflanzlicher und tierischer Kost. Beide Eltern kümmern sich um den Nachwuchs. Der Kranich kann ein Alter von 40 Jahren erreichen. Sein Orientierungssinn ist sensibler als der des Menschen. In einem Punkt ähnelt er uns besonders: Sein merkwürdiges Springen (Hüpfen) in Gruppen erinnert an tanzende Menschen.

Ein Vergleich der Sprache und der Scheidungsrate überlasse ich der Phantasie der Leser.

Kreuzzüge

Kreuzzüge   07.04.03

George W. Bush, amerikanischer Präsident und oberster Befehlshaber seiner Streitkräfte sagt über den Irak-Krieg: „Wenn jemand ein gutes Gewissen dabei hat, dann bin ich es." Wer so etwas äußert, hat entweder sein Gewissen verloren oder hat keines. Bush glaubt an „seinen" Krieg als Auftrag Gottes. Dieser Glaube ersetzt sein Gewissen. Wenn der Krieg Gottes Wille ist und Bush durch Gott dazu beauftragt wird, ist er von der Verantwortung gegenüber den Opfern frei. Also muss er kein schlechtes Gewissen haben.

Lässt sich Gott durch einen Menschen zu einem barbarischen Krieg instrumentalisieren?

Im 11. Jahrhundert rief Papst Urban II. zum 1. Kreuzzug gegen den Islam auf, im Auftrag Gottes. Ebenfall ohne schlechtes Gewissen. Er rief zum „Heiligen Krieg" gegen die „Heiden" auf, zum Kampf der Gläubigen gegen die Ungläubigen. Die Geburtsstätte Jesu stand unter mohammedanischer Herrschaft. Jeder, der zum Kampf bereit war, bekam vom Papst ein Stoffkreuz angeheftet und wurde von Sünden frei gesprochen (Sündenvergebung). Priester segneten die Waffen. Den Pilgerzügen folgte das eigentliche Kreuzheer. Fanatisch richtete man unter der Bevölkerung, den Ungläubigen, furchtbar grausame Blutbäder an. Im Namen Gottes. Durch Kreuzzugssteuern wurden die Kreuzzüge finanziert. Die Bauern, die die Hauptlasten der Abgaben zu tragen hatten, wurden zusätzlich ausgepresst.

Der Irakkrieg wurde ebenso wie die Kreuzzüge propagandistisch vorbereitet. Die alten Propagandisten waren die Päpste und deren Handlanger, die Priester.

Die neuen sind Regierungschefs mit ihren willigen Helfern. Die Guten kämpfen gegen die Bösen. Und damals? Die Gläubigen gegen die Ungläubigen.
Welches waren die wahren Motive der Päpste? Die Ausweitung des Herrschaftsgebietes der römisch-katholischen Kirche – auf die byzantinische und armenische (Orient), der Westkirche auf die Ostkirche. Welches sind Bushs eigentliche Beweggründe? Die Befreiung des Irak von einem Diktator? Oder: Herrschaft über Ressourcen (Öl) und Territorien? Wer wird letztlich die Kosten bezahlen? Nicht die Kriegsverursacher, sondern die Bevölkerungen durch Steuern und Abgaben.

Krieg

Grundstrukturen   17.03.03
aus biologischer und historischer Sicht

Nach dem Dreier-Gipfel auf den Azoren (Bush: USA. Blair: Großbritannien. Aznar: Spanien) scheint die Diplomatie in der Irak-Frage am Ende.
Die Kriegsfixierung der Drei steht fern jeder Vernunft: Als ob Diplomatie eine reale Chance für Frieden gehabt hätte. Der Gipfel auf den Azoren diente der ablenkenden Täuschung der Weltöffentlichkeit
Die Stammesgeschichte des Menschen kennt Aggressivität seit Beginn. Ein goldenes Zeitalter des Friedens war und ist ein Mythos. So alt wie die Menschheit, existiert Krieg als Konflikt mit Waffen. Das Gefährlichste aller Gefahren sind gegenwärtig Massenvernichtungsmittel und ihre Verbreitung - besonders in den Händen von

machtüberheblichen Despoten in Diktaturen und Demokratien.

Aus dem Überlebensbedürfnis, angeboren, resultiert der Aggressionstrieb. Furcht entsteht aus Angst vor Verletzungen und Tod. Die Reaktionen auf Furcht sind entweder Flucht vor dem Feind, Standhalten oder Angriff.

Aus dem Gefühl der Furcht entwickeln sich Drohgebärden: sprachliche, körperliche, waffentechnische - und Drohrituale in der Folgezeit.

Beispiele: George W. Bushs und Saddam Husseins Auftreten in Form von Gestik, Mimik und Propaganda. Waffen werden präsentiert, um den Gegner einzuschüchtern. Verdächtigungen und Unwahrheiten dienen als Mittel, den Feind weltweit moralisch zu demütigen – nach dem Motto: Wer nicht für mich ist, ist gegen mich.

Medienwirksam versuchen die Supermacht und ihre Vasallen, andere Beweggründe für Aggressions- und Kriegsbereitschaft zu verschleiern: Dominanzstreben und Herrschaft über Ressourcen und Territorien. Um die Vernichtung des Gegners zu rechtfertigen, tut man so, als ob die eigenen Maßstäbe die einzig gültigen wären: Freiheit und Demokratie. Die Kriegs-Unwilligen setzt man ultimativ und mit materiellen Versprechungen unter Druck. So verkehrt man Freiheit in Unterdrückung. Das fremde Territorium soll nach einem siegreichen Angriffskrieg demokratisiert werden. Jedoch: Selbst missachtet man autoritär das Völkerrecht und demokratische Entscheidungen der UN.

Damit entziehen sich die Kriegswilligen zynisch und egozentrisch der gemeinsamen Verantwortung gegenüber der Weltgemeinschaft.

Kriegsbegründung

Kriegsbegründung - scheinheilig und verlogen

02.06.03

Die Behauptung vor Beginn des Irakkrieges vor etwa zwei Monaten: „Der Krieg ist eine beschlossene Sache", bewahrheitet sich nachträglich. Die USA und Großbritannien hatten vor dem Irakkrieg die Gefährdung durch Massenvernichtungswaffen als Kriegsbegründung, neben anderen, propagandistisch in den Medienmittelpunkt gerückt. Gegenwärtig wird diese damalige Dramatisierung zunehmend kritisiert. Mit Recht. Verteidigungsminister Donald Rumsfeld (USA) räumte kürzlich erstmals die Möglichkeit ein, dass im Irak keine Massenvernichtungswaffen gefunden werden. Diese seien vielleicht vor dem Krieg zerstört worden.

Äußerungen des Vizeverteidigungsminister Wolfowitz (USA) deuten darauf hin, dass sich die USA aus „bürokratischen Gründen" auf Massenvernichtungswaffen konzentriert hätten. Soll heißen: Dieses Argument für einen Krieg beabsichtigte, eine möglichst breite Zustimmung zu erhalten.

USA und Großbritannien dementieren diese Vorwürfe. Scheinheilig und verlogen. Ein ehrliches Eingeständnis würde zu einem Totalverlust an Glaubwürdigkeit und Staatsautorität führen.

Hintergründe: In einer Regierungsmannschaft herrschen Machtkonkurrenz und Eitelkeiten. Wer setzt sich durch? Die Befürworter (Falken) oder die Gegner (Tauben) eines Krieges. Neigt der Regierungschef zu einem Krieg, suchen die Befürworter die Haltung ihres Chefs zu stärken. Aus welchen Motiven? Um dem Chef zu gefallen, um sich gegenüber den Konkurrenten zu profilieren, wird die eigene Überzeugung zurückgehalten. Die zukünftigen Grausamkeiten eines Krieges bleiben in einem solchen Entscheidungsprozess meist ohne Gewicht.

Die Eigenschaften des Schmeichelns und Arschkriechens sind typisch für die Gattung Mensch, besonders in hierarchischen Konstellationen der Über- und Unterordnung. Aufrichtigkeit gegenüber dem Chef wäre das Ideal.

Fehler könnten gerade in Machtbeziehungen verringert werden, wenn Offenheit und Ehrlichkeit herrschten.

Kriegsfundamentalismus

Rumsfeld –   09.02.03
ein verbohrter Kriegsfundamentalist?

Krieg als einzige Alternative beruht auf Steinzeiterbe

Die Zeit läuft ab. Rumsfeld bleibt auf klarem Kriegskurs. Es gehe nur noch um Tage oder Wochen.

In der Irak-Krise vertreten Frankreich und Deutschland eine andere Position als die Bush-Administration. Beide plädieren für eine friedliche Lösung, der Pentagonchef bleibt bei einem klaren Kriegskurs. Eine eigenständige Meinung passt ihm nicht. Unterwürfige Vasallen sind ihm lieber. Er attackiert daher Frankreich und Deutschland und bezeichnet sie abschätzig als „das alte Europa", im Gegensatz zu den neuen Nato-Staaten im Osten. Rumsfeld, 70, Verteidigungsminister der USA, ist zu alt für den Job. Altes Denken glaubt er, Vertreter einer

Supermacht, diktatorisch durchsetzen zu müssen. Aggressivität und Gewalt sind veraltete Formen der Konfliktregelung.

Für friedliche Formen (z.B. Lösungsformen durch strengere Kontrollen) fehlt ihm das Gespür. Krieg als einzige Alternative beruht auf Steinzeiterbe. Rumsfeld wird von einer Feindbildfixierung beherrscht: Lauernd verkniffen – zum Sprung (Krieg) bereit.

Wir erinnern uns: Die Brutkastenstory im Golfkrieg (1990) diente den USA als Anlass zur Bombardierung des Irak. Sie war eine Propagandalüge! Wird jetzt mit ähnlichen Mitteln gearbeitet, um die wahren Motive zu verschleiern?

Welche? Militärische, ökonomische und politische Überlegenheit (Hegemonie).

Weltanschauungen und Religionen, die sich des Krieges zur Machtrealisierung bedienen, haben nichts aus der Geschichte gelernt!

Kriegsinteressen

Kriegsinteressen 18.04.03

Produktion, Verkauf und Verbreitung von Massenvernichtungswaffen gefährden die Menschheit. Geld und Macht als Antriebe sind stärker als Moral und Vernunft. Die amerikanische Hypermacht z.B. verfügt über ein gigantisches Arsenal. Sie hat in der Vergangenheit das Regime Saddam Husseins wirtschaftlich unterstützt und aufgerüstet.

Terroristische Gewalt, wie die des 11. September 2001 und weitere Fälle, stellen eine neue Art der Bedrohung dar. Terroristen sind mittels modernster Technologien in kurzer Zeit in der Lage, Anschläge grenzüberschreitend zu planen und auszuführen.

Der Top-Terrorist Bin Laden wurde nicht gefasst. Stellvertretend musste der Despot des Irak als Ersatzobjekt herhalten. Die Bush-Regierung warf ihm vor:

Er verfüge über Massenvernichtungswaffen, arbeite an Atombomben, rüste nicht ab und habe Verbindung zum Terrornetzwerk Osama bin Laden. Damit stelle er eine Gefahr für Amerika und den Weltfrieden dar.

Diese Verdächtigungen dienten als Begründungen für den Irakkrieg.

Bislang wurden weder biologische, chemische noch atomare Kampfstoffe gefunden. Die angeblichen Beweise, die dem UN-Sicherheitsrat vor Kriegsbeginn präsentiert wurden, waren Fälschungen. Die Bush-Regierung war durch den CIA über diese Fälschungen informiert worden. Trotzdem unterbreitete sie diese Fälschungen als Beweise.

Sieger dieses Krieges ist auch die amerikanische Rüstungsindustrie, besonders die Washingtoner Investmentfirma Carlyle Group. Beispiele: Bradley-Panzer, Globenmaster-Truppentransporter. Unter den Beschäftigten finden sich zahlreiche ehemalige Politiker (z.B. ein ehemaliger Verteidigungs- und Außenminister: Frank Carlucci, James Baker und Bush-Senior als Chefberater). Also: Der Vater profitiert von den Rüstungs-Entscheidungen des Sohnes. Eine Interessenverquickung! Wurde durch verwandtschaftliche Vorteilsnahme der Irakkrieg forciert?

Die Carlyle-Gruppe steht sogar in Geschäftsbeziehungen mit der Familie Bin Ladens.

In vielen amerikanischen Waffensystemen steckt deutsche Hochtechnologie. Deutsche Rüstungsexporte in die USA haben sich in den letzten drei Jahren verdoppelt. Da Amerikas Krieg das Völkerrecht brach, waren solche Rüstungsexporte illegal.

Der überraschend schnelle Sieg der Alliierten innerhalb weniger Wochen lösen Ängstlichkeiten bei denjenigen Staaten aus, die von den USA verdächtigt werden, zu der Achse des Bösen zu gehören. Ebenfalls angegriffen zu werden, kann zweierlei bewirken: Man verhält sich so, dass man nicht in den Verdacht gerät, über Massenvernichtungswaffen zu verfügen. Oder man beschafft sich solche Waffen, um vor einem Angriff abzuschrecken. Mit ihrem völkerrechtswidrigen Angriffskrieg stellten sich die USA über internationales Recht. Durch die Beugung des Völkerrechts besteht die Gefahr der Nachahmung durch andere Staaten. Bedrohungsgefühle nehmen zu. Die USA hat ihre normative Vorbildrolle gänzlich verspielt.

Die globale Atomgefahr wächst. Staaten, die mit den USA in einen Konflikt geraten, müssen befürchten (wie im Irak geschehen) präventiv überfallen zu werden. Um die USA davor abzuschrecken, ist es besser, so könnten immer mehr Staaten denken, sich Massenvernichtungswaffen zu beschaffen. Die größte Bedrohung ist derzeit: Nordkorea, Indien, Pakistan und der nukleare Terrorismus.

Kriegslügen

Kriegsursachen und Kriegslügen   07.02.03

Grundstrukturen
Die Ursachen für Kriege beruhen auf Konflikten zwischen Staaten, die von Menschen regiert werden: also auf Konflikten zwischen Menschen.

Wie Konflikte entstehen und ausgetragen werden, lässt sich am Verhalten von Kindern beobachten. Sie verhalten sich noch weitgehend instinktiv.

Auslösereiz für Konflikte sind: Schreien (Grund: Hunger, Beschwerden, Zuwendung). Anschreien, Vorwürfe (Du hast ... Du nervst ... Du lügst ...). Absichtloses oder beabsichtigtes Anstoßen einer Person (Du hast mich angerempelt ... Du hast mir weh getan ... Du hast dich vorgedrängt ...). Direktes oder heimliches Wegnehmen von Nahrung und Dingen (Bedürfnis von Kindern beim Spielen). Sprachliche und körperliche Rangkämpfe (Macht).

Drohen (Wenn du mir das nicht gibst, dann ...). Imponieren (sich wichtigtun, auffallen). Rivalität (bedingt durch Eifersucht, Neid).

Grundlage für Konflikte sind Triebe: Nahrung, Bewegung, Aggressivität, Sexualität, Macht. Sie aktivieren das Verhalten. Ein Verhalten kann durch mehrere Antriebe gleichzeitig gesteuert werden. Beispiele: Aggressives Praktizieren von Sexualität zum Zwecke der Machtausübung (Unterwerfung). Wegnehmen und Rauben von Nahrung, Menschen oder Dingen (innerer Antrieb: Bewegungstrieb, Nahrungstrieb, Sexualtrieb, Machttrieb).

Kriegsursachen und Konflikte aus der Geschichte:
Die Römer raubten die Töchter der Sabiner durch eine List (Zeit: Gründung Roms).
Beginn des 2. Weltkriegs (1939): Hitler täuschte einen „polnischen Überfall" auf den deutschen Sender Gleiwitz (Polen) vor. Deutscher Einmarsch in Polen.
Eskalation des Vietnamkrieges durch die Amerikaner. Beginn: Propagandalüge. Es wurde behauptet: Der amerikanische Zerstörer Madox (Golf von Tongking) sei durch ein Torpedoboot der Nordvietnamesen beschossen worden (1964).

Die Brutkastenstory Kuwaits im Golfkrieg (1990) erwies sich als Täuschung:

Die Soldaten Saddam Husseins sollen Babys aus Brutkästen gerissen und auf den Boden geworfen haben. Es folgte eine Propagandainszenierung in den USA gegen den Irak. Die anschließende Bombardierung des Irak forderte mehr als 100.000 irakische Soldaten und mehr als eine Million Opfer.

Und die Motive? Durch Appell an Mitleid und Moral wird versucht, bei der Bevölkerung Empörung auszulösen, um die Öffentlichkeit für den Krieg zu gewinnen. Trotz demokratischer Herrschaftsform handelt es sich hier eindeutig um eine Diktatur der Meinungsbildung durch die Regierung, und zwar mittels einer Propagandaschlacht. Dadurch versucht man, die eigentlichen Kriegsmotive zu verschleiern. Welche?

Militärische, ökonomische und politische Überlegenheit (Hegemonie).

Das bevorzugte Mittel hegemonialer Bestrebungen ist die Intervention. Als Vorwand dienen die Menschenrechte, Demokratisierung und neuerlich die Terrorismusbekämpfung (seit dem 11.09.01).

Terrorismusbekämpfung hat den Begriff der Menschenrechte ersetzt.

Die Machtverteilung sieht so aus: Der Industrie-Militär-Komplex, der mit Teilen der Medien-Industrie und des Wissenschaftsbetriebs verschmolzen ist, wirkt auf alle gesellschaftlichen Bereiche (Wirtschaft, Arbeitswelt, Kultur, Erziehung).

Kriminalität

Immer mehr Kinder kriminell   28.03.02

Gegen 6500 Kinder (bis 14 Jahre) und knapp 15 000 Jugendliche ermittelte die Polizei im vergangenen Jahr in Hessen. Am häufigsten seien sie wegen Ladendiebstahls oder Raubs - meist an Gleichaltrigen - aufgefallen.

Die Hemmschwelle gegenüber fremdem Eigentum ist bei Kindern und Jugendlichen in den letzten Jahren erschreckend niedriger geworden.

Sie wachsen in einer Konsumumwelt auf, in der das Bewusstsein und das Gefühl für den Wert von Dingen erkennbar abgenommen hat (siehe "Wegwerfgesellschaft"). Ein Kinderzimmer steht beispielhaft für unsere Verschwendungsmentalität. Spielsachen, um nur einen Bereich zu nennen, sind so zahlreich vorhanden, dass man nicht acht geben muss, was man wo liegen lässt (innerhalb oder außerhalb des Hauses).

Kinder tauschen Klamotten aus, die sie dann entweder gar nicht oder defekt zurückbekommen.

In den Medien (Filmen, Videos, Computerspielen usw.) wird mit Wertsachen zerstörerisch aggressiv umgegangen.

Nebenbei: Eine Entwertung, ein Wertverlust findet dadurch statt, dass in den Einkaufsmärkten viele Wochen vorher Ostersachen massenhaft angeboten werden.

Es fällt immer schwerer auf das zu verzichten, was andere haben und i c h nicht.

Welches sind die Auswirkungen? So verringert sich die Wertachtung und das Wertgefühl gegenüber Dingen, die einem nicht gehören (siehe Ladendiebstahl, Raub).

Anderen etwas wegzunehmen, verursacht bei vielen schon keine Schuldgefühle mehr.

Mein praktischer Vorschlag (ein Beispiel): Eltern sollten sich bemühen, derartige negative Einflüsse frühzeitig zu reduzieren. Sie geben ihrem Kind nur so viele Spielsachen, wie für die Situation notwendig ist (trotz größeren Vorrats).

Eine Verbesserung der Problematik lässt sich am ehesten erreichen, wenn positive Verhaltensänderungen in mehreren Bereichen stattfinden.

In den verschiedenen gesellschaftlichen Institutionen wird zu vieles erlaubt, schaut man über zu vieles hinweg. Beispiele:

Eltern lassen zu große Verhaltensspielräume entstehen, ohne rechtzeitig grenzziehend einzugreifen.

Im Kindergarten wird auffälliges Verhalten zu selten angemessen eingeschränkt.

In der Schule werden abweichende Verhaltensweisen zu häufig gar nicht oder zu spät sanktioniert.

In den Freizeiteinrichtungen (z.B. Diskos) wird nicht ausreichend oft kontrolliert oder wenn mal kontrolliert wird, entstehen unmittelbar keine spürbaren Konsequenzen.

Bei kriminellen Delikten von Kindern und Jugendlichen erfolgen Bestrafungen meist zeitlich zu spät oder unangemessen.

Kunst

Mahnung zur nachdenkenden Einkehr 16.9.02

Zur Documenta in Kassel
Kunst ist so alt wie die Religion. Sie hat sich ursprünglich aus dem Spieltrieb des Menschen entwickelt. Sie wurde einst als der „schöne Schein" definiert (Kant, Schiller,...). Der Künstler verfügt über die Fähigkeit, beim Betrachter Sinnesreize zu aktivieren, die zum ästhetischen Erleben führen.
Inzwischen ist Kunst nicht mehr allein spielerischer Selbstzweck. Sie hat, ja muss eine gesellschaftskritische Funktion haben. Durch die Darstellung des Schrecklichen in unserer komplex-bedrohlichen Umwelt mahnt sie zur nachdenkenden Einkehr. Es ist gut so, dass ihre aufmerksamkeitsbindende Mitteilung nicht nur Sinneslust, sondern gleichermaßen Erkenntnislust stimuliert. Gestaltungsideen seitens des Künstlers und Gehirnanregungen seitens des Betrachters sind nicht ausreichend für friedliche, umweltfreundliche Fortschritte in der Menschenwelt. Die Anzahl und die Schrecklichkeiten der Kriege, also die Aggressionsbereitschaft des Menschen sind durch die Kunst nicht weniger geworden.
Unsere Phantasie wird und ist durchmischt von emotionalen und rationalen Strukturen. Wenn Kunst als Phantasieaktivität, als Impulsgeber sich in positiven Verhaltensänderungen niederschlagen würde, bekäme sie eine lebenserhaltende, globale Funktion. Positive Verhaltensänderungen wären: Stärkere Kontrolle von aggressiven und machtbezogenen Verhaltensweisen auf Seiten der kapitalistischen und politisch autoritären Entscheidungsträger der Global-Gesellschaft.

Lehrer

Ausgebrannte Lehrer – warum? 30.01.03

Vorzeitiger Ruhestand bei Lehrern ist die Regel und nicht die Ausnahme. Und die Gründe: Ausgebrannt, überfordert und gesundheitlich geschädigt. Die wichtigste Erkenntnis: „Es ist nicht das Alter, das zu den Problemen führt." Sondern?

Immer häufiger hört man von Eltern die Äußerung: Heutzutage möchte ich kein Lehrer sein. An der Dramatik ändert dies nichts. Das ist die Situation:

Ein Drittel der Kinder in Deutschland nimmt **Beruhigungsmittel** und andere Medikamente. Ein Fünftel leidet - vor Grundschulbeginn - unter **Sprachstörungen.** Etwa die Hälfte unter **Verhaltensauffälligkeiten:** z.B. Konzentrationsschwächen, motorische Unruhe. Hinzu kommen **organische Defizite.**

Die **Ursachen** liegen eindeutig in unnatürlichen Lebensumständen. Beispiele: Erziehungsunsicherheiten von Eltern und Lehrern. Übersteigerter Waren- und Medienkonsum. Körperliche Passivität. Zu weite Verhaltensspielräume. Was dürfen Kinder, was dürfen sie nicht – dafür ist überwiegend das Gespür verloren gegangen.

Ständige Unruhe und massive Störungen des Unterrichts minimieren den Lernerfolg. Konflikte mit Eltern, Schulleitung, Schulaufsicht und Öffentlichkeit kommen hinzu. Misserfolgserlebnisse sind die Folge. Und das über Jahrzehnte - zehrt an den Nerven. In Grundschule und Sekundarstufe I, besonders in großen Klassen, sind die Belastungen am stärksten.

Lösungsansatz: Kleine Klassen und Gruppen. Enge Kooperation und gemeinsame Erziehungsziele von

Elternhaus, Kindergarten, Vorschule, Grundschule und Schule. Erziehungskurse für Eltern. Schwerpunkt in der Lehrerausbildung: Umgang mit Verhaltensproblemen und Konflikten.

Innerhalb einer Klasse als Gruppe finden **Machtbeziehungen** und Rivalitäten statt. Der Lehrer verfolgt Erziehungs- und Lernziele. Er stößt damit oft auf den Widerstand einzelner Schüler oder der gesamten Gruppe. Beispiele: Er verlangt eine zu schwierige Arbeitsaufgabe, er beurteilt ungerecht. Dadurch erfährt er Protestreaktionen Betroffener. Die übrigen Mitschüler solidarisieren sich. Geht der Lehrer mit dem Konflikt ungeschickt um, erlebt er massiven Gegendruck.
Dieser kann sich zum unlösbaren Problem steigern. Er gerät in die Rolle des Außenseiters. Einmal zum „schwarzen Schaf" degradiert, wird er zum Aggressionsobjekt. Nun hat er innerhalb der Klasse (als Gruppe) verspielt.

Lehrer als Aggressionsobjekt. 13.08.02

Was ist ein Schwarzes Schaf? Ein Schaf, das sich farblich von den übrigen abhebt. Es fällt auf durch sein Anderssein. Es hat den Nachteil, schwarz zu sein. Wären alle schwarz, fiele es nicht auf.
Einige Herdenschafe sind unzufrieden. Unzufriedenheit steckt an. Auf einmal sind fast alle unzufrieden.
Die Herde muss durch einen Engpass. Das erfordert Disziplin und Selbstkontrolle. Es wird eng. Sie müssen dicht an dicht aufrücken. Das Schwarze Schaf mitten unter ihnen. Plötzlich bekommt es einen Stoß, einen Tritt, einen Biss. Weitere schließen sich an: stoßen, treten, beißen. Es hat ihnen doch nichts getan!

Nach der Engpassaktion ist es psychisch enttäuscht und physische geschwächt. Das Schwarze Schaf fragt sich: Warum haben sie ihre Aggressionen, woanders aufgestaut, gerade an mir abreagiert? Warum brauchen sie einen Sündenbock?

Jeder hatte in der Vergangenheit und hat in der Gegenwart mit Schule zu tun. Schule ohne Aggressionen und Konflikte gibt es nicht. Die Ursachen dafür werden oft nicht erkannt. Das führt dazu, dass man einen Schuldigen sucht und findet. Der Schuldige ist nicht immer tatsächlich der wirklich Schuldige. Beziehungen zwischen den Menschen sind aufgrund ihrer emotionalen Struktur komplex. Konflikte lassen sich nicht immer eindeutig lösen. Die dadurch entstehenden Missempfindungen und Aggressionen werden dann gegen andere gerichtet. Der Sündenbockmechanismus ist natürliche Realität des Menschen und der Tiere, die in Gruppen leben. Etwa 46 Proz. der Kinder bis zum 18.Lebensjahr leiden unter Konzentrationsproblemen und ungefähr 40 Proz. können nicht still sitzen. Sind daran die Lehrer schuld? Hoffentlich werden die Lehrer nicht noch für die Klimaveränderungen verantwortlich gemacht, weil sie die Eltern nicht zu umweltfreundlichen Verhalten erziehen konnten?

Pisa-Test für Lehrer? 30.08.02
Gesucht werden verhaltensintelligente Lehrer.

Nach Schülern sollen auch Lehrer zum Pisa-Test. Die natürlichste Sache.
Begründung des Pisa-Koordinators Andreas Schleicher: „Lehrer dürfen nicht mehr der blinde Fleck des Bildungssystems sein."

Ein Test kann nicht all die Fähigkeiten abdecken, die Lehrern täglich abverlangt werden. Was soll getestet werden? Die Leistungsfähigkeit? Was ist das? Wissen, Denken oder Verhalten? Würde das Testergebnis Wissenslücken zu Tage fördern, würden Voreilige schnell urteilen: „Jetzt wissen wir, warum unsere Schüler beim Pisa-Test so schlecht abgeschnitten haben."

Wissenslücken würden keine Auskunft über die Qualität eines Lehrers geben. Ein Lehrer, der seinen Unterricht vorbereitet, kann Wissensdefizite durch Nachschlagen in Büchern ausgleichen. Folgende Fähigkeiten sind für einen Lehrer bedeutsam: Durch welche Verhaltensweisen erziele ich maximalen Lernerfolg? Wie berate ich Schüler und Eltern wirkungsvoll? Wie gehe ich mit verhaltensauffälligen Schülern angemessen um? Ich bin für Lehrertests, wenn sie Ansatzpunkte für positive Verhaltensänderungen erschließen. Ich bin dagegen, wenn anschließend die Frage nicht beantwortet werden kann: Wie lässt sich der Lernerfolg (Leistungsfähigkeit und soziales Verhalten) von Schülern optimieren?

Testaufgaben können niemals dazu beitragen herauszufinden, wie man sich in Konfliktsituationen mit Schülern spontan richtig verhält. Derjenige, der schlecht abschneidet, kann durchaus ein guter Lehrer sein, weil er situationsangemessen zu handeln in der Lage ist und durch Ausdauer und Zielkonsequenz Schüler zum effektiven Lernen führt. Gesucht werden verhaltensintelligente Lehrer!

Leistungsverfall

Leistungsverfall – 05.07.02
ein exemplarisches Beispiel

Zur Pisa-Debatte

Das sozialdemokratische Leitziel der Bildungspolitik der 60er Jahre lautete Chancengleichheit, Chancen-Gleichheit vor allem für die unteren Bevölkerungs-schichten. Nebenbei: Aufgrund der genetischen und sozialen Unterschiede zwischen den Menschen wird es nie Chancengleichheit geben.
Die hessische Bildungspolitik vor dem Regierungswech-sel 1999 (SPD/Grüne) hatte sich weitgehend von objektiven Leistungsstandards in Schulen verabschie-det. Eine Erhöhung der Übergänge auf weiterführende Schulen und eine Steigerung der Abiturientenzahlen standen im Zielvordergrund. Man wollte den übrigen Ländern im konkurrierenden Vergleich nicht nachste-hen. Dies ist ein Negativbeispiel für den Bildungsföde-ralismus auf dem Rücken der Schüler.
Dazu wurde das Schulgesetz im Sinne eines Leistungs-verfalls leichtfertig geändert. Hier ein Satzbeispiel: „Die Auswahl der Aufgaben für schriftliche und andere Leis-tungsnachweise soll so erfolgen, dass Schülerinnen und Schüler mit durchschnittlichem Leistungsstand in der Lerngruppe, zumindest mit ´befriedigend´ zu bewer-tende Leistungen erzielen können (Hessisches Schulge-setz, § 23 Abs.1)." Oder: „Die Wahl des Bildungsganges nach dem Besuch der Grundschule oder der Förderstufe ist Sache der Eltern (§ 77 Abs.1)."
In der Unterrichtspraxis hatte dies augenfällige Auswir-kungen. Es konnte der ungünstige Fall eintreten, dass

der Leistungsdurchschnitt einer Klasse schlecht, mittelmäßig oder gut war. Selbst bei einem schlechten Durchschnitt war ein Lehrer nach dem Schulgesetz gezwungen, für eine Klassenarbeit leichtere Aufgaben auszusuchen als objektiv sinnvoll. Entsprechend bei Leistungsnachweisen von Klassen mit gutem Durchschnitt mussten schwerere Aufgaben ausgewählt werden. Nehmen wir Mathematik als Erklärungsbeispiel. Schüler A (Klasse mit schlechtem Durchschnitt) erhält die Note 2, Schüler B (Klasse mit gutem Durchschnitt) die Note 5. Wir unterstellen: Beide Schüler mit gegensätzlichen Noten sind gleich befähigt. Schüler A wird eine weiterführende Schule besuchen und Schüler B? Ebenfalls. Aus welchen Gründen? Die Eltern, trotz Beratung durch Lehrer, haben das alleinige Entscheidungsrecht. Wir wissen: Eltern, gegenüber ihrem Kind natürlicherweise subjektiv, selten objektiv, wollen für ihr Kind das Beste.

Wie wichtig Qualitätsstandards für alle Schüler in Deutschland sind, sehen wir hier schlaglichtartig. Nun ein weiteres Fallbeispiel:

Die Klasse A zählt 25 Schüler, 15 sind leistungsschwach, 10 leistungsstark. Der Lehrer orientiert sich bei der Auswahl der Aufgaben an den schwachen. Die starken Schüler denken: Die Klassenarbeit schaffe ich, ohne zu üben.

Mit anderen Worten: Übende Anstrengung ist nicht erforderlich.

Schüler, die zur Anstrengungsvermeidung neigen, werden in ihrem Verhalten bestärkt. In ihnen spielt sich gefühlsmäßig folgendes ab: Ich schaff das, ohne etwas dafür arbeiten zu müssen.

Ihr Anstrengungsverhalten wird auf einem leistungsfeindlichen Hintergrund weder gefordert noch gefördert. Zuhause wird ihnen zusätzlich wenig oder nichts abverlangt. Sie schlafen lange. Ansonsten sitzen oder liegen sie vor dem Bildschirm. Gewohnheitsgemäß werden sie zunehmend bequemer.

Anstrengungs- und Leistungsbereitschaft nehmen ab. Irgendwann entsteht eine gelangweilte Nullbockhaltung. Man versucht, jeder kleinsten Anstrengung auszuweichen. Besteht einmal keine Ausweichmöglichkeit, wird vorschnell motzig reagiert.

Im Unterricht setzen sich derartige Verhaltensweisen fort. Lehrer haben sich täglich (über Jahre) vielfach mit hartnäckiger Lernunwilligkeit konfliktreich auseinander zu setzen. Daher ist es nur allzu verständlich, dass Lehrer in ihrer pädagogischen Widerstandskraft irgendwann erlahmen.

Leistungsverfall – die Gesellschaftswissenschaften als Ursachenfaktor

15.07.02

In einer über Jahrhunderten gewachsenen totalitären Gesellschaft entstehen verfestigte autoritäre Strukturen in Personen und Institutionen.

Sozial höher Gestellten gegenüber verhalten sich die meisten mit niedrigem Rang sichtlich zurückhaltend oder respektvoll distanziert. Im dörflichen Milieu z.B. hatten Pfarrer und Lehrer einen besonderen, herausragende Rang. Allein bedingt durch ihre Position verfügten sie, unabhängig von ihrem konkreten Alltagsverhalten, über Autorität. Was sie sagten, glaubte man, ohne es kritisch zu überprüfen.

In der gegenwärtigen demokratischen Gesellschaft registrieren wir einen zunehmenden Autoritätsverfall. Bereits Kinder kritisieren Eltern, Lehrer, Erzieher –wie selbstverständlich. Ton und Inhalt ihrer Ausdrucksweise sind oft so geartet, dass die Betroffenen Respektlosigkeit empfinden. Man spürt, sie stellen sich mit dem Erwachsenen auf quasi gleiche Augenhöhe. Diese selbstbewusste Perspektive wäre ja zu akzeptieren. Nur: Ihr teils vorwurfsvoll fordernder Tonfall entbehrt meist jeglicher sachlicher Grundlage. Es ist Protest um des Protestes willen, den man sich nachahmend angewöhnt hat. Oder es handelt sich um geräuschvolles Widersprechen, wenn Interessen drohen in Gefahr zu geraten.

Autoritätsgläubigkeit ist nach wie vor auch in demokratisch regierten Ländern auszumachen. Institutionen und Unternehmen sind meist hierarchisch (von oben nach unten) organisiert. In den Arbeitsbeziehungen aktualisiert sich das Gehorsamsprinzip. Konstruktive Kritik eines Mitarbeiters wird zu selten von Vorgesetzten positiv aufgenommen und in Fortschritt umgesetzt.

Autoritätsunterwürfigkeit im Schulsystem, eine obrigkeitsstaatliche Organisation, ist auf Schritt und Tritt auszumachen: Ein Referendar in der Ausbildung wagt nur selten Kritik. Er ist abhängig von der Beurteilung seines Schulleiters. Der Schulleiter wiederum steht rangmäßig unter der Schulaufsichtsbehörde. Wir sehen hier ein hierarchisches Abhängigkeitsverhältnis von oben nach unten. Kreativität kommt unter solchen Bedingungen nur selten zum Zuge. Ist der „oberste Boss" kreativ, haben die unteren Ränge eine Chance, etwas abzubekommen.

Menschen, die über lange Zeit in der Gehorsamshierarchie arbeiten, wie Lehrer, Schulleiter, Schulaufsichtsbeamte neigen zur Autoritätsgläubigkeit. Sie sind z.B. gegenüber Wissenschaftlern und wissenschaftlichen Erkenntnissen zu übernahmewillig. Das Kultusministerium übernimmt kritiklos von Wissenschaftlern erarbeitete Ergebnisse und setzt sie in den Schulen durch.

Schulleiter und Lehrer müssen sie gehorsamsbereit realisieren.

Beispiel für eine pseudowissenschaftliche These: Kinder fühlen sich nur dann in der Schule wohl, wenn die Klasseneinrichtung dem häuslichen Milieu ähnelt. Also wird eine Ecke mit einer Matratze zur Kuschelecke. In die Kuschelecke darf, wer seine Arbeitsaufgabe erledigt hat. Die Kuschelecke ist bequemer als ein Stuhl. Ein Schüler ist also schnellstens bestrebt, dorthin zu gelangen. Also fertigt er seine Aufgabe hastig an: „Ich bin fertig!" „Dann darfst Du jetzt in die Kuschelecke", so die Lehrerin. Die Arbeitsergebnisse wurden im Laufe der Zeit bei einigen immer oberflächlicher, die Anzahl der Schüler in der Kuschelecke nahm tendenziell zu. Von hier ging zu bestimmten Zeiten eine störende Unruhe aus. Aus der Ruhezone wurde eine Unruhezone, die das Lernklima auf kosten des Lernerfolgs massiv beeinträchtigte. Hierarchie und Gruppenzwang in der Schule verstärkten das Problem. Beabsichtigte ein Lehrer die Kuschelecke zu beseitigen, musste er mit sozialem Druck rechnen, und zwar durch Kollegen, Schulleiter und Schulbehörde.

Machtsucht

Machtsucht als Unwert – wohin, ach wohin?

08.12.02

Politische Kultur vor gefährlicher Entwicklung

Gruppenzwang und Medienaufmerksamkeit der Parteien und Fraktionen unterwerfen ihre Mitglieder in aggressivüberladene Stillosigkeit. Die Anführer bestimmen den Ton, die Mitläufer folgen. Rede und Gegenrede gleiten ab in Kulturlosigkeit des Sprechens — gegeneinander statt miteinander. Ausnahmen ändern nichts am Trend. Aggressionssprache als egozentrischer Selbstzweck zum Machterhalt dient als Instrument zur Erniedrigung des Gegners. Sachbereitschaft Vernünftiger wird so im Vorfeld im Keim erstickt. Wohin, ach wohin?

Opposition verkommt zum jeweiligen Gegenreden, anstatt sich durch praktikable Lösungsvorschläge abzuheben. Schauspielerische Selbstgerechtigkeit ist Bühnentheater ohne Perspektive auf Strukturveränderungen.

Die Machtinhaber von vorgestern, beteiligt an der politischen Unkultur, waren in der Vergangenheit leichtsinnige Kassenplünderer.

Machtbedürfnisse innerhalb der Lösungskonkurrenz von Parteien sind legitim. Zunehmende Machtsucht verliert ihren gesellschaftserhaltenden Wert, wenn die Gesamtverantwortung zur machtüberheblichen Leerfloskel verkommt.

Ohne Hoffnungsleitlinien auf Lösungsfortschritte verlieren Parteien ihre notwendige Glaubwürdigkeit, wenn sich ihre Anführer zu missstimmenden Überspitzungs-Schwätzern erniedrigen.

Materialismus

Materialismus -   17.07.02
pathologische Dimensionen

Telekom-Chef Sommer tritt zurück.

Eine riesig verschuldete Telekom (67 Mr. Euro) und eine riesige finanzielle Abfindung (15 Mill. Euro) für den Vorstandsvorsitzenden Ron Sommer! Ist das nicht, auf zwei gegensätzlichen Ebenen, pathologischer Materialismus? Der anschaulichere Begriff lautet: Raubtier-kapitalismus. Einer raubt und viele werden beraubt. Dieses exemplarische Beispiel steht für andere wuchernde Fälle, ob im unternehmerischen, sportlichen oder politischen Bereich.

Was spielt sich in ihm (Ron Sommer) nach einer vertraglichen Einstellung als Vorstandsvorsitzender ab? Er weiß, wenn er irgendwann ausscheidet, wird er eine millionenschwere Abfindungssumme kassieren?

Es gibt Menschen mit unterschiedlich starkem, sozialem Verantwortungsgefühl. Neigt man zur verführbaren Schwäche, dann ist die Gefahr eines Desasters besonders groß. Noch größer wird sie, wenn man persönlich kein finanzielles Risiko zu tragen hat. Ron Sommers jährliche Vergütung betrug   2,5 Mill. Euro.

Wer trägt das Risiko? Unzählige Kleinaktionäre verlieren zumindest so viel, dass dies, je nach individueller Empfindsamkeit, zu gesundheitlichen Störungen führen kann. Wo bleibt das soziale Einfühlungsvermögen für die Mitmenschen!

Schadet er dem Hauptaktionär „Bund", so geht das letztlich aufkosten des Steuerzahlers. Und zwar derjenigen, die tatsächlich zahlen. Nicht derjenigen, die durch Abschreibungen keine oder nur wenig berappen. Ein

Bundesfinanzminister kann weiterhin ruhige Hand bewahren.

Sein reichliches Gehalt bleibt.

Geltungssüchtige Verschwendungsmentalität nimmt angesichts einer Medienumwelt weiterhin zu. Zur herausragenden Geltung gelangt man nicht im stillen Kämmerlein. Wenn mein Kopf weltweit bildeinnehmend erscheint, bin ich stolz auf ihn. Je mehr von meinem Kopf, desto lieber habe ich mich.

Milliardenschwere Verschwendungssucht wird millionenschwer belohnt. Welch eine Wirkung auf junge Menschen, die nach haltgebender Identität suchen? Wenn sich diese „Moral" infektiös ausbreitet, wird unsere und die globale Gesellschaft früher oder später moralfremd pathologisch.

Internet-Informationen breiten sich weltweit aus. Viele solcher Fälle machen hungernde Kranke neidisch und gesättigte Arme hasserfüllt.

Raffgier 22.05.03

Eine Krähe hackt der anderen kein Auge aus. Ein alter Spruch. Nur bedingt tauglich. Michael Rogowski, Präsident des Bundesverbandes der Deutschen Industrie (BDI), selbst Unternehmer, hat einigen Topmanagern Raffgier vorgeworfen. Die Gehälter für Spitzenmanager in einigen Großunternehmen -trotz starker Gewinneinbrüche oder Verluste- seien im abgelaufenen Geschäftsjahr gestiegen.

Beispiel: Der ehemalige Chef der Deutschen Bank erhielt in seinem letzten Arbeitsjahr rund acht Millionen Euro. Zuvor war klar, dass das Geldhaus Tausende Arbeitsplätze streichen würde. Das Jahreseinkommen des Vorstandsvorsitzenden der Deutschen Börse betrug 2002 etwa 1,6 Mio. Euro.

Die Vorstände der Allianz hatten einen Verlust von ungefähr einer Milliarde Euro zu verantworten. Dennoch sind die Rückstellungen für ihre Pensionen um neun Millionen Euro aufgestockt worden. Eine spezifische Steigerung der Raffgier sieht so aus: Vorstandvorsitzende lassen sich vertraglich garantieren, dass ihnen lebenslang Dienstwagen, Fahrer und Sekretariat bereitgestellt werden.

Oder: Vorstandschefs wechseln am Ende ihrer Amtszeit in den Aufsichtsrat. Sie beaufsichtigen nun ihren angerichteten Schaden. Abgehalfterte Chefs erhalten dann Bezüge in Höhe von 225 000 Euro jährlich. Ein Arbeitnehmer in der Niedriglohngruppe muss mit rund 14 000 Euro im Jahr, zirka 1 200 Euro im Monat auskommen.

Für die Aktionäre bleibt im Dunkeln, wie viel die Vorstände einstreichen. Die Ausgaben, einschließlich der Abfindungen und Pensionen für die Vorgänger, mussten bislang nur pauschal im Geschäftsbericht veröffentlicht werden. Die Motive sind klar: solche schwindelerregenden Maßlosigkeiten sollen der Öffentlichkeit verborgen bleiben.

Medienmacht

Die moderne Steinigung   24.09.02
**durch Medienmacht - Die beutehaschenden
Medienjäger werden zu mitleidlosen
Steinewerfern**

Däubler-Gmelin verzichtet auf Amt

Der Fall Däubler-Gmelin ist ein weiteres typisches Beispiel für Medien-Macht. Der angebliche oder tatsächliche Hitler-Vergleich mit der Irak-Politik oder der Person des amerikanischen Präsidenten Bush hat zum Rücktritt der Justizministerin geführt.
Sie soll laut „Schwäbischem Tagblatt" in einer Wahlveranstaltung gesagt haben, Bush wolle mit einem Irak-Krieg vor allem von innenpolitischen Problemen ablenken. Das sei eine beliebte Methode. Das habe auch Hitler schon getan.
Sie hat im Saal der Bundespressekonferenz bestritten, die Person Bushs mit Hitler verglichen zu haben.
Bereits Kinder und Erwachsene praktizieren vergleichbare Methoden der Ablenkung. Sie provozieren Streit, um von einem Problem abzulenken. Insofern ist ein solches Verhalten für den Menschen charakteristisch.
Bei ihrem redeschnellen Mundwerk besteht die Gefahr, etwas zu sagen, was man später bereut. Das soll ihr Verhalten nicht entschuldigen! Als Ministerin hat ein solcher Wortfehlgriff unabsehbare Folgewirkungen. Oder hat gar der Autor des Berichts im besagten Tagblatt einen Fehler zu verantworten?
Zwei Tage vor der Wahl, so ungeschickt zu sein, grenzt an Dummheit. Dumm ist sie nicht. Ich glaube eher an einen unbeabsichtigten Schnellzungen-Ausrutscher.

Hätte sie ihn zugegeben – was dann? Die SPD wäre u.U. im Tal der Tränen gelandet. Die Medien wären noch mehr über sie hergefallen. Also war sie zur Unwahrheit gezwungen?

In einer Mediengesellschaft steht ein Politiker, und besonders im Wahlkampf, unter geballtem Mediendruck. Ein falsches Wort, eine unbedachte Bewegung, vielleicht nur auf einer momentanen Gedankenlosigkeit beruhend, breitet sich wie eine Kettenreaktion millionenfach aus. So wird der Sünder zum unverzeihlichen Großsünder stilisiert. Der Schuldige wird gleichsam gesteinigt. Diese Art der Medien-Steinigung kann dann unmoralischer sein als das ursprüngliche Fehlverhalten!

Medienwirkung

Verstärkung von Misstrauen und Pessimismus im Gesamtgefüge der Medienreize

30.11.02

Ein zu hoher Anteil der Bevölkerung und vor allem der jungen Menschen neigen gegenwärtig zum Pessimismus. In den Medien, tagaus tagein, werden Negativinformationen wahrnehmungsbetont und teils wahrnehmungsüberzogen aufgemacht.

Beispiel aus einer Tageszeitung: Handel neppt Verbraucher mit Mogelpackungen. In jedem zehnten Fall ist beim Einkauf weniger drin als draufsteht (Do., 28.11.02). Eine solche unrühmliche Abzocke ist kein Einzelfall. Sie weckt Misstrauen. In welchem Zusammenhang? Das Erfahrungsumfeld konfrontiert ständig mit Unehrlichkeiten. Werbeversprechen stehen im Gegensatz zur Produktrealität. Wahlversprechen werden nicht eingehalten. Eltern und Bezugspersonen im alltäglichen Nahraum arbeiten mit Tricks. In Kindergarten, Schule, Beruf, Freizeit ist man Lügen ausgesetzt.

Erdrückend Negatives in den letzten Monaten (geschweige denn Jahren):

Pisaschock, höhere Kinderkriminalität, Flugzeugunfälle, Nahrungsmittelskandale, riesig verschuldete Telekom, Machenschaften von Hunzinger und Scharping, Bonusmeilenaffäre, sexueller Missbrauch von Priestern, Jahrhundertflut, Terrorismus, Amoklauf von Erfurt, Ermordung Jakob von Metzlers, falsche Wahlversprechen der Regierung, Geiselnahme von Moskau, FDP-Spendenaffäre, Abrechnungsskandale bei Zahnärzten, ölverseuchte Küsten usw.

Aktuelles Beispiel: Bundesländer auf Blockadekurs. Rot-grüne Reformpläne an Vermittlungsausschuss überwiesen. Notprogramm für Rente, Gesundheit (Sa.,30.11.02). Zu diesem Artikel ein Foto mit Text (Zum Haareraufen: Superminister Wolfgang Clement muss noch auf das Ja zu den Hartz-Reformen warten). Rechts unmittelbar daneben ein Artikel mit der Schlagzeile: Schröder: Flut von Drohbriefen trifft meine Familie.

Negative Wahrnehmungswirkung durch folgende Einzelelemente: Blockadekurs, Foto (haareraufender Clement), Flut, Drohbriefe. Hier liegt eindeutig eine bewusste Verstärkung des Negativen vor. Das Foto von Wolfgang Clement, der sich die Haare rauft, verstärkt den Negativbegriff „Blockadekurs". Das ist eine eindeutige Manipulation. Durch den Artikel rechts daneben „Schröder. Flut von Drohbriefen trifft meine Familie" wird der Gesamteindruck zusätzlich negativ verstärkt. Negativmanipulationen im Einzelfall sind nicht bedeutsam, im Gesamtgefüge intensivieren sie Misstrauen und Pessimismus.

Medienmeute

Die Raubtier-Meute 06.11.02
stürzt gierig auf das Opfer

Wie die Boulevard-Presse vor dem Julia-Prozess die Stimmung anheizt.

Der Mensch ist dem Menschen ein Wolf. So ein lateinisches Sprichwort. In leicht abgeänderter Form: Der Mensch ist dem Menschen eine Hyäne.

Soll heißen: Bei in Gruppen lebenden Raubtieren hält die Tötungshemmung instinktiv davon ab, einen Rivalen der eigenen Art umzubringen.

Beim „Raubtier" Mensch ist in der Entwicklung des Gehirns ein bleibender Fehler unterlaufen: In extrem aggressiv zugespitzten Situationen gibt es kein Halten mehr, über die eigene Art maßlos herzufallen.

Kriege verdeutlichen schrecklichste Gräueltaten. In hungernden Ausnahmesituationen verliert der Mensch die Hemmung, den Mitmenschen als Nahrung zu sich zu nehmen.

Auf dem Markt der Medien regiert das Gesetz von Einschaltquoten und Auflagen. Das weckt bei der Medien-Meute die Begierde, das Opfer rücksichtslos abzulichten. Die scharfen Eck- und Reißzähne des „Raubtiers Mensch" werden durch Kameras, die jedes Detail des Opfers würdelos hochstilisieren, ersetzt.

Bildbetonte Einzelheiten des narbenbedeckten Angeklagten lösen blankes Entsetzen aus! Wie Kinder so etwas verarbeiten sollen, wird schamlos missachtet.

Misstrauen - Vertrauen

Misstrauen   18.10.02
zerstört Vertrauen und Verlässlichkeit

Vertrauen ist die verlässliche Basis menschlicher Beziehungen.

Politiker versprechen vor der Wahl: Keine Steuererhöhungen. Nach der Wahl wird ein Koalitionsvertrag ausgehandelt, der heuchlerische Täuschungen offenbart. Politik ist zur unehrlichen Wahlwerbung verkommen. Der Mensch schwankt von klein auf zwischen Ehrlichkeit und Unehrlichkeit.
Täuschungen im Interesse der Fortpflanzung und des Überlebens entsprechen der angeborenen Natur von Lebewesen. Blüten locken, durch Düfte und Farben, Insekten an. Tiere reizen trickreich den Geschlechtspartner. Menschen werben auffallend und einfallsreich um Aufmerksamkeit. Wirtschaftswerbung verfälscht die Wirklichkeit.
Menschen haben sich im Erziehungsprozess Unehrlichkeiten, sprich Tricks angewöhnt, um Interessen durchzusetzen. Ehrliche Offenheit war zu oft erfolglos. Daher fällt Ehrlichkeit schwer. Warum darf ein ständiges Bemühen um Wahrheit nicht nachlassen?
   Ein unwahrhaftiger Wahlkampf ist kein Einzelfall. Er steht im Zusammenhang mit zig Tricksereien täglich. Über 50 Proz. der jungen Menschen leiden unter Misstrauen. Nimmt Misstrauen und Missbrauch anstelle von Glaubwürdigkeit zu, geht der Wert der zutrauenden Verlässlichkeit verloren (Stichwort: Spendenaffäre der FDP). Materielle Interessen dominieren vor geistigen Werten.

Politik „als schmutziges Geschäft", „Man kann keinem mehr trauen" verfestigen sich. Wie soll so Engagement für Politik, besonders bei der jungen Generation, wachsen, wenn Vorteils-Machenschaften stets überwiegen? Unehrlichkeiten ohne Schuldgefühle stehen zusehends auf der Tagesordnung.

Ehrlichkeit ist langfristig ein höherer Wert als trickreiches Verschweigen von schmerzlichen Tatsachen, zumindest in der Menschenwelt.

Mobbing

Die Zahl der Mobbing-Opfer nimmt zu   22.06.02

Sie Zahl der Mobbing-Opfer nimmt zu. Erschreckend und nachdenklich stimmt die Tatsache, dass die Täter jünger werden. Dies lässt sich ebenfalls auf der Ebene des Rauchens und der Kinderkriminalität beobachten. Mobbing in der Grundschule ist keine Seltenheit mehr. Am häufigsten kommt Mobbing in den Klassen 7 – 9 vor. Etwa zehn Prozent der Schüler sollen regelmäßig der Gewalt ihrer Mitschüler ausgesetzt sein, so ein Schulpsychologe. Körperliche und seelische Gewalt ist gemeint.

Junge Menschen geraten durch Mobbing, je nach Form und Intensität, in eine leidvolle Außenseiterrolle. Besonders ihre Psyche kann nachhaltig beschädigt werden. Lehrer machen sich mitverantwortlich, wenn sie gleichgültig darüber hinwegsehen. Welches sind mögliche Motive? Bevor Sie weiterlesen, versuchen Sie zunächst selbst eine Antwort!

Pubertierende Jugendliche (Klasse 7 – 9) stehen unter einem erhöhten Triebpotential (Sexual-, Macht-,

Aggressions-, Bewegungstrieb). Sie neigen dazu, ihre überschüssige Energie an Schwächeren und Außenseitern abzureagieren.

Zum Außenseiter kann werden: Wer anders aussieht, sich anders bewegt, anders spricht. Ein ganz normaler Schüler, der z.B. klamottenmäßig nicht trendy ist, wird ausgegrenzt. Empfindungen wie Eifersucht, Neid, Hass, Rache usw. sind impulsgebend. Das sogenannte „Schwarze Schaf" wird erniedrigt und nochmals erniedrigt: eine genüssliche Befriedigung für den Täter. Täglich erleben Schüler unvermeidliche Misserfolgserlebnisse (Frustrationen): Niederlagen in Konfliktsituationen, schlechte Noten, mangelnde Anerkennung usw. Diese können zum Auslösereiz werden. Folgendes Mobbing-motiv, unkompliziert oberflächlich, ist häufig zu beobachten: Ein Schüler mobbt gezielt, um gegenüber seiner Gruppe cool dazustehen. Dadurch steigt seine Anerkennung.

Das Verhalten von Mobbing-Tätern ist gekennzeichnet durch niedrige Frustrationstoleranz, geringe Schuldgefühle und Hemmungen auf der einen und mangelnde Selbstkontrolle auf der anderen Seite, eine Erscheinung mit steigender Tendenz.

Mädchen unterscheiden sich von den Jungen in der Wahl der Mittel. Sie agieren weniger durch den Einsatz von Körperkraft, sondern praktizieren subtilere Methoden: eine schnippische Bemerkung oder ein zynisch erniedrigender Gesichtsausdruck sind Beispiele.

Die Hauptursachen sind in einem übersteigerten Waren- und Medienkonsum zu suchen. Kinder erwarten, weil sie es gewohnt sind, eine möglichst rasche Befriedigung ihrer Wünsche. Auf Nichterfüllung wird meist aufmüpfig, teils aggressiv reagiert.

Lösungsansätze: Intensive Gespräche aller Beteiligten (auch der Eltern). Nachdenken über und Realisierung von Sanktionen. Darstellung von Lösungen im Rollenspiel. Solidarisierungen mit dem Opfer (durch Schulleitung, Lehrer, Schüler).

Mord

Missachtung von Wert-Maßstäben   02.10.02

Mordfall Jakob von Metzler

In einer unendlichen Medienflut werden wir in ausführlichster Genauigkeit über den Mordfall des Bankiersohns Jakob von Metzler informiert.
Von menschenverachtendem Verbrechen, von Trauer und Entsetzen ist die Rede. Über die Motive erfahren wir nichts.
Welche Beweggründe einen hemmungslosen Täter so eiskalt sein Verbrechen begehen lassen, kann man im Einzelfall nur schwer oder gar nicht wirklich verstehend nachvollziehen.
Ohne direkten Bezug zum aktuellen Fallbeispiel leben wir unter Umwelteinflüssen, die sich besonders für junge Mensche aller Gesellschaftsschichten in ihrer Persönlichkeitsentwicklung ungünstig auswirken.
Die Lebensbedingungen, überfrachtet von überflutenden Reizen (Bildschirm, Werbung, Konsum) haben sich vom Natürlichen erschreckend weit entfernt.
Bis zum 18. Lebensjahr verbringen Jugendliche mehr Zeit vor einem Bildschirm als in der Schule. Körperliche Passivität führt zu gestauter Triebenergie, die sich ein Ersatzventil sucht. Konsumorientierung tritt anstelle von Autorität. Emotionale Zuwendung durch Bezugspersonen wird sträflichst vernachlässigt und ist aus dem

Gleichgewicht. Kommunikationsstörungen und Sprachhemmungen entstehen als Folge. Aggressionsbereitschaft und Aggressionsverhalten werden zur Selbstverständlichkeit. Ein Verlust an Wert-Achtung gegenüber Nahrung, Dingen und Menschen sind zu beobachten. Immer mehr Kinder gelten als psychisch auffällig, gestört oder krank. Die Wartelisten für Therapieplätze sind lang. All diese und andere Faktoren führen zu einer niedrigen Hemmschwelle. Bei gegebenen Anlass ist man zu schnell bereit und fähig, Wert-Maßstäbe skrupellos zu missachten.

Im Erziehungs- und Entwicklungsprozess der frühen Kindheit baut sich im Gehirn die moralische Instanz auf, die einen Menschen leitet, was er tun darf oder nicht. Durch aggressive und gewalttätige Bildschirminhalte geht zusätzlich das Einfühlungsvermögen für schmerzlich Betroffene verloren. Ein Fehlverhalten wird ohne Schuldgefühle ausgeführt. Zahllose Medienvorbilder praktizieren dies täglich. Wen wundert es, wenn sich in bestimmten Gehirnregionen Nervenbahnen so vernetzen, dass sich Befehle in abweichendem Verhalten niederschlagen.

Ein 28 Jahre alter Zeuge beschrieb den gleichaltrigen Angeklagten als „verklemmt" im Umgang mit Fremden. Der Angeklagte, Magnus Gäfgen, der mit seiner 16 Jahre alten Freundin einen aufwendigen Lebensstil führte, soll nach Zeugenaussagen den Freundes- und Bekanntenkreis bestohlen haben (Mai 2003).

Nervenkrieg

Nervenkrieg über und in Frankfurt   06.01.03

Nervenkrieg über Frankfurt

31-Jähriger entführte Kleinflugzeug und drohte mit Sturz in Hochhaus – Glimpfliche Landung auf Flughafen – Pilot scheint geistig verwirrt.

Überraschungen aus der Luft - Blitz und Donner, Raubvögel, Flugobjekte – wecken in uns spontan und instinktiv Angst und Fluchtbereitschaft. Das beruht auf stammesgeschichtlichem Erbe. Es dient dem Überleben. Beispiele: Kinder, den Kopf einziehend, fliehen vor donnernden Flugzeugen - wie Hühner vor einem Habicht. Die Fernsehbilder des entführten Kleinflugzeugs über der Skyline der Mainmetropole vom Sonntag (5.01.) signalisieren das Grauen des 11. Sept. von New York. Die Silhouette des Motorseglers weckt unbewusst Gefahr. Eine Steigerung kann Flucht auslösen.

Das Verhalten des Täters, eines 31jährigen Studenten, beruht auf Nachahmung der Bilder des Terroranschlags. Der Mensch lernt von klein auf durch Nachahmung. Bereits Kleinkinder ahmen Sprechen, Bewegungen des Mundes, der Mimik, Gestik usw. nach.

Die Worte abgucken, nachsprechen, nachmachen verdeutlichen, was gemeint ist. Zahlreiche spielerische und sportliche Aktivitäten entspringen dem Imitieren. Kinder spielen Krieg. Das haben sie sich bei anderen - Kindern und Erwachsenen - abgeguckt. Bilder des Fernsehens beeinflussen zum Nacheifern – bis hin zu Gewalttaten und Mord. Wer das leugnet, leidet unter Realitätsverlust.

Ein ausgeprägtes Geltungsbedürfnis, vermischt mit anderen Beweggründen war Hauptmotiv des Täters.

Ein gestörter Mann entführte einen Motorsegler, um auf sein Idol, die Jüdin Judith Resnik, aufmerksam zu machen. Er droht mit dem Sturz in ein Hochhaus in Frankfurt. Die Astronautin kam 1986 ums Leben, als die US-Raumfähre „Challenger" nach dem Start explodierte.

Die Zahl auffälliger Menschen, die mit Gewalt drohen, erpressen und Gewalt ausüben nimmt weltweit zu. Sie bedienen sich vorhandener wirkungsvoller Mittel, um ihre Ziele durchzusetzen. Die Auswirkungen auf Menschen spielen in ihren Köpfen kaum eine Rolle. Beispiele im vergangenen Jahr sind: Amoklauf von Erfurt, Ermordung Jakob von Metzlers, Terroranschlag auf Bali, u.a.

Bedrohlicher wird die Gesamtsituation, wenn Regierungschefs zu Feindbildfixierungen neigen und mit einem Nervenkrieg beginnen: sich auf ein Aggressionsobjekt als die Ursache des „Bösen" fixieren, ohne Flexibilität für dialogbereite Lösungsansätze.

Eine Militärmacht mit modernster Waffen- und Kommunikationstechnik beginnt einen Krieg. Was ist: Wenn sie die Geister, die sie rief, nicht mehr los wird und aus einer vorgestellten Begrenzung ein unkontrollierter Flächenbrand wird?

Gestörte Menschen als Regierungschefs lassen sich nicht verhindern.

Folgen Herdentiere einem gestörten Leittier, kann es den Tod bedeuten.

Folgen Kleinstaaten einem großen Leittier, kann dies unabsehbar verheerende Folgen haben.

Ihre Zahl nimmt zu. Psychische Eigenschaften (Macht, Größenwahn, Geltung, Komplexe, Hemmungslosigkeit u.a.) in Verbindung mit der Möglichkeit der Realisierung stellen in der Gegenwart das größte Gefahrenpotential dar.

Heutige und zukünftige Regierungen, zusammengesetzt aus Menschen, die in der industriellen Waren- und Konsumumwelt aufgewachsen, haben ethische Normen tendenziell (nicht jeder) nur unzureichend verinnerlicht. Soll heißen: Deren Hemmschwelle für unüberlegtes Verhalten könnte im akuten Fall zu niedrig sein. Eine Zunahme der Aggressionsbereitschaft hat eine Hauptursache.

Wer von klein auf, in der Familie, aggressives Verhalten erfolgreich durchsetzt, neigt in Alltags- und konfliktgeladenen Ausnahmesituationen leichter zum Überspringen innerer Barrieren.

Ärzte der Klinik für Psychiatrie in Haina (Nordhessen, Deutschland) bescheinigten dem Psychologiestudenten wegen einer seelischen Erkrankung in einem vorläufigen Gutachten Schuldunfähigkeit (Mai 2003).

Noten

Schlechte Noten   30.10.02
für die Lehrer - Hintergründe

Schlechte Noten für die Lehrer.
Studium lohnt sich in Deutschland zu wenig.
Neue OECD-Bildungsstudie: Nur 19 Prozent haben Uni-Abschluss.

Ursachenforschung vor Entschuldigungen ist jetzt gefragt! Nach dem OECD-Bildungsbericht erteilen deutsche 15-jährige Schüler Ihren Lehrern, im Vergleich zu anderen Ländern, schlechtere Noten. Sie beklagen:

Lehrer interessieren sich zu wenig für den Lernfortschritt; erklären etwas nicht lange genug; zeigen geringe Bereitschaft zu richtiger Hilfe.

Es darf nicht vergessen werden, dass Schüler in dieser pubertär kritischen Lebensphase in einer entwicklungsbedingten Ausnahmesituation sind.

Hierzulande sind die Klassen und Lerngruppen zu groß. Die individuelle Förderung kommt zu kurz.

Das Unterrichten in großen Klassen ist mit mehr Misserfolgserlebnissen verbunden und damit strapaziöser. Die Zahl der verhaltensschwierigen und verhaltensauffälligen Schüler steigt mit der Anzahl. Das erklärt zum Teil das geringere Engagement der Lehrer.

Kleinere Gruppen und stärkere individuelle Förderung bedeuten mehr Personal und damit mehr Geld. Zudem würden Lehrer unter verbesserten Arbeitsbedingungen weniger psychisch belastet.

Bei einer „Sanierung" unseres Bildungssystems müssen auch andere Überlegungen in den Vordergrund gerückt werden. Wie lässt sich das zunehmend unsichere Erziehungsverhalten vieler Eltern, aller Gesellschaftsschichten, positiv verändern? Übertriebener Konsum geht zu Lasten von Kindern! Ganztagsangebote könnten bewirken, dass gewisse Eltern sich noch mehr aus der Erziehungsverantwortung zurück ziehen.

Wie lässt sich die Lehrerausbildung so reformieren, dass zukünftige Lehrer rechtzeitig wissen, ob sie für diesen Beruf geeignet sind? Und wie lässt sich ein Verhalten erlernen, das für den schwierigen Umgang mit Heranwachsenden geeignet ist?

Pessimismus

Warum Medien   29.11.02
den Pessimismus verstärken

Zigfache Medienbegegnungen täglich. Medienreize, die emotionale Betroffenheit auslösen, werden in den Mittelpunkt der Aufmerksamkeit gestellt.
Schlagzeilenträchtig ist meist das Extremereignis, das Negative.
Negativinformationen wirken stärker gefühlsbestimmend als Positivinformationen. Informationen bestimmen die Grundhaltung: mehr zum Negativen oder mehr zum Positiven. Gegenwärtig ist eine überwiegend pessimistische Grundhaltung festzustellen.
Negativ-Schlagzeilen beherrschten die Titelblätter. Es wäre ein Versuch wert auszuloten, ob sich bei neutralen, negativen oder positiven Schlagzeilen eine Zeitung besser oder schlechter verkaufen ließe. Man müsste das unumgängliche Negativereignis nicht auf der ersten, sondern auf einer der folgenden Seiten abdrucken und die neutralen, positiven Informationen auf dem Titelblatt.

  Die entscheidende Frage lautet: Aus welchen Gründen emotionalisiert das Negative stärker als das Positive? Empörung bei Ungerechtigkeiten, Erregung bei Skandalen, Unfällen usw. lösen stärkere Berührung aus. Genetiker wollen eine Gerechtigkeitsregion im menschlichen Gehirn festgestellt haben.
Das Neutrale oder Positive ändert nichts oder kaum etwas am gewohnten Alltagsrhythmus. Das Negative stößt eher zur Änderung an. In der Natur wird der Feind als negativ, d.h. als bedrohlich empfunden. Die Wahrnehmung des Bedrohlichen gibt zum Beispiel den

Impuls zur Flucht oder zum Kämpfen, also zur Verhaltensänderung.

Menschen leben seit Jahrtausenden in Gruppen. Negatives Verhalten (z.B. leichtsinniges Verlassen der Behausung) kann für das Überleben gefährlich sein. Daher wird ein solches Verhalten von der Gruppe negativ sanktioniert, gruppenangepasstes Verhalten akzeptiert (ohne merkliche Reaktion).

Manche Menschen beschweren sich, selten oder nie gelobt zu werden. Warum dies so ist, wissen wir jetzt: Gruppenkonformes Verhalten bedeutet weniger Gefahr und mehr Sicherheit. Insofern bedarf es keiner besonderen Beachtung.

Es entspricht somit der Natur des Menschen, dem Negativen größere Aufmerksamkeit als dem Positiven zu schenken. Daher ist zu vermuten, dass Verkaufszahlen und Quoten bei einer neutral-positiven Berichterstattung zurückgehen.

Politik

Politik ist therapiebedürftig –   26.11.02
vier Schwerpunkte

Ich empfehle dem Patienten namens „Politik" einen Psychiater.

Noch ist eine ambulante Behandlung ausreichend. Untauglich verhärtete Denk- und Verhaltensstrukturen müssen aufgearbeitet, neue und andere aufgebaut werden. Welches sind die eingefahren unbewussten Blockaden, die eine grundlegende Erneuerung verhindern?

Erster Therapieansatz: Mut zu den Tatsachen v o r Unwahrheit:

Stets ist in der Republik irgendwo Wahlkampf. Die Parteien kommen, um regieren zu können, nicht zur Ruhe. Wahlversprechen, von denen sie wissen, dass sie diese nicht alle einhalten können, bestimmen ihr Handeln. Einige Versprechungen werden nach der Wahl realisiert und überstrapazieren den finanziellen Spielraum. Die Bevölkerung erwischt sie beim leichtfertigen Umgang mit der Wahrheit. Negativtatsachen werden aus wahltaktischen Gründen bewusst verschwiegen. Wählerstimmen und Wahlsieg v o r Fakten haben zu lange Konjunktur. Konkurrenz zwischen den Parteien blockieren Wahrheitsäußerungen, und zwar aus Angst vor den Folgen: Der ehrliche Wahlredner hätte Repressionen der eigenen Partei zu befürchten. Parteien ängstigen sich vor Wahlniederlagen und Machtverlust.

Zweiter Therapieansatz: Auflösung der Mechanismen der Selbsttäuschung und Verdrängung:

Die Hoffnung auf zusätzliche Steuereinnahmen nach den Wahlen hat die Wirkung einer Selbsttäuschung. Treten erhoffte Steuereinnahmen nicht ein, fehlt das Geld zum vernünftigen haushalten. Geld leihen bleibt als Ersatzlösung. Die Staatsverschuldung steigt: Tilgung plus Zinsen werden verdrängt und diese überlässt man leichtfertig zukünftigen Generationen.

Dritter Therapieansatz: Tabus aufbrechen. Kraft zu schmerzlichen Wahrheiten entwickeln. Tatsachen aussprechen. Verzicht üben:

Keine Partei und Regierung möchte den Wählern und Interessengruppen wirklich weh tun – aus Angst vor Verlust von Wählerstimmen und Macht. Die im Emotionalen verankerte Wohlstandsmentalität der Bevölkerung hat sich so verfestigt, dass, falls Einschnitte drohen, mit öffentlichem Widerstandsgeschrei zu rechnen ist.

Die Furcht davor bewirkt, dass Negativwahrheiten tabuisiert werden. Die politische Klasse selbst ist gefangen im Wohlstandsdenken. Sie gibt eher Geld aus, als Protesten standzuhalten. Verzichtbereitschaft aller Gruppen wäre notwendig.
Vierter Therapieansatz: Verloren gegangene Autorität muss zurückgewonnen werden. Erster Schritt ist Zuverlässigkeit: Menschen werden durch die Sprunghaftigkeit des ständigen Hin und Her verunsichert. Sie brauchen eine haltgebende Linie: Glaubwürdigkeit. Die derzeitige Bundesregierung verhält sich wie erziehungsunsichere Eltern. Was sie soeben entschieden hat, wird kurze Zeit später zurückgenommen.

Politikmüdigkeit

Glaubwürdigkeit   30.01.03
als Chance gegen Politikmüdigkeit

Misstrauen gegenüber Politik und Parteien ist die Regel, nicht die Ausnahme. Schrecklich und entmutigend.
Die Schlüsseleigenschaften der SPD-Wahlanzeige – kompetent, glaubwürdig, erfolgreich - lassen Zweifel aufkommen. Hätten die Wahlstrategen „glaubwürdig" an die erste Stelle gesetzt, wäre die Skepsis noch größer geworden: nicht gegenüber der Person, sondern gegenüber der Partei. Ja, generell gegenüber Parteien im Wahlkampf. Personen sprechen sich Eigenschaften zu, die für ihre Parteien nicht zutreffen.
Das macht Parteien unglaubwürdig!
Glaubwürdigkeit in der Politik setzt keine absolute Ehrlichkeit voraus. Wer schafft das schon! Unabänderlich sind die kleinen Notlügen des Alltags. Der Minilügner

in der Menschenwelt, lügt er routiniert, verliert in kurzer Zeit seine Glaubwürdigkeit. Stört ihn sein Vertrauensverlust wenig, ist er „unten durch".

Zahlreiche Politiker sind zu Maxilügnern geworden. Sie tun wenig daran, am Zerfall der Wahrhaftigkeit etwas zu ändern. Das macht sie für die Gemeinschaft, deren Interessen sie zu vertreten vorgeben, so gefährlich (siehe Spenden- und Finanzaffären, Wahllügen). Wahlkampfzeiten begünstigen das moralische Entrüsten über den politischen Gegner. Mit rhetorischen Finden lenkt man von den eigenen Unehrlichkeiten der Vergangenheit ab - und vergisst, dass es Menschen mit Langzeitgedächtnis gibt. Politiker im Wahlkampf lassen am Rivalen kein „gutes Haar" – bis zur Erniedrigung des Gegners. Eine Untugend! Offenes Eingestehen eigenen Fehlverhaltens und Verzeihen eines Fehlverhaltens des anderen **brächte verlorene Glaubwürdigkeit zurück!**
Politiker sind, ob sie wollen oder nicht, zwangsläufig Vorbilder. Im Medienzeitalter um so mehr. Daher müssten sie sich besonders um Glaubwürdigkeit bemühen.
Ängstlichkeiten vor Amts-, Gesichts- und Interessensverlust verhindert Wahrhaftigkeit. Und gerade sie - könnte den weiteren Verfall von Politikverdrossenheit aufhalten. **Jugendliche benötigen glaubwürdige Vorbilder – in einer weitgehend unehrlichen Umwelt.**

Politikwachheit

Betroffenheit politisiert: Krieg   25.03.03

800 demonstrierten für Frieden

Und durch den mörderischen Krieg jetzt? Qualen, Tod und Zerstörung. Die Langzeitfolgen für die Überlebenden sehen so aus: Tiefstverletzende Traumata und Pessimismus über Jahre. Eine barbarische Realität.
Hätten wir hierzulande einen solchen Krieg, fiele Schule völlig aus. Welcher Wert steht höher: „Demonstrationen gegen Krieg" oder „Unterrichtsausfall"? Wird angesichts unschuldig leidender Opfer schulischer Stundenausfall nicht zur unbedeutendsten Nebensache der Welt?
Endlich nutzen junge Menschen eine Chance zum Aufbegehren gegen Machtüberheblichkeit und überflüssiges Sterben! So werden Jugendliche für Politik sensibilisiert. Aus Politikmüdigkeit wird jetzt Politikwachheit. Wer noch nicht durch die Gewaltdarstellungen in den Medien abgestumpft ist, kann sich vorstellen: Du kommst nach Hause, stehst vor deinem Wohnhaus – in Trümmern – und da zwischen Deine Mutter, Dein Vater, Deine Schwester, Dein Bruder – Tod.
Wer undemokratisch eigenmächtig, ohne UN-Mandat und gegen das Völkerrecht einen brutalen Angriffskrieg führt, hat das Feingefühl für die Weltgemeinschaft friedliebender Menschen verloren.

Religion und Krieg

Ein täglich betender Kriegsherr   22.03.03
ist ein gefährlicher Fundamentalist

US-Präsident George W. Bush äußerte sich im Februar vor christlichen Fernsehpredigern und Medienproduzenten wie folgt: Er halte es für einen „gottgegebenen Auftrag" der USA „sich zu verteidigen und die Welt zum Frieden zu führen".

Wer Gott einseitig für Krieg instrumentalisiert, (ver)spottet Gott. Sein tägliches Beten wird dadurch scheinheilig und verlogen. Dieser überflüssige Krieg beruht auf Verdächtigungen und Propagandalügen (wie der erste Golfkrieg).

„Irret euch nicht! Gott lässt sich nicht spotten. Denn was der Mensch sät, das wird er ernten (Neues Testament: Gal. 6, 7), so heißt es weiter.

Was s ä e n die Amerikaner und Briten? Bomben und Raketen – Leiden, Schmerzen, Qualen, Tod und Zerstörung. Was e r n t e n sie? H a s s, unendlichen!

Allein in Bagdad leben 2,5 Millionen Kinder und Jugendliche – Kinder der Armen. Ihr Hass, ihre körperlichen und seelischen Kriegsverletzungen haben sich eingefressen in ihr emotionales Gedächtnis.

Hinzu kommen Milliarden Kinder weltweit. Die Angst vor dem Bildschirm geht nicht spurlos an ihnen vorüber. Auch hier, je nach Empfindsamkeit, Angstverletzungen und Wut gegen die Angreifer.

In einer globalen Medienwelt verbreiten sich nicht nur Informationen weltweit, sondern auch Negativgefühle. Die Verwundbarkeit des Aggressors liegt zukünftig in den hasserfüllten Erinnerungen.

Gebete und massenhaftes Aufbegehren gegen Barbarei beinhalten vielleicht Hoffnungschancen. Historisch einmalig sind die gegenwärtig weltweiten Proteste gegen den Krieg. „Irakische Freiheit" sein Name. Imperiales Gehabe, ob von Diktatoren oder Demokraten, passen in keine globale Friedensordnung, beruhend auf dem Völkerrecht. Grundlage waren letztlich die Zehn Gebote des Alten Testaments. Wer das Völkerrecht bricht, wendet sich gegen die Weltgemeinschaft und entzieht sich zynisch und egozentrisch der gemeinsamen Verantwortung für jetzige und zukünftige Generationen.
Alle Religionen, trotz Vielfalt, sind im Menschen begründet.
Aggressivität dient dem Überleben und ist ein egoistischer Antrieb. Frieden dient dem Ziel des Fortlebens der Menschheit. Er ist das höhere Gut. Im Spannungsverhältnis zwischen Aggressivität und Frieden gibt es nur eine Richtung: Fortbestand durch Friedfertigkeit. Selbstkontrolle und Kontrolle präventiver Angriffshandlungen durch übernationale Organisationen, wie UNO und internationaler Gerichtshof.
Gerechte oder gar heilige Kriege kann es niemals geben. Sie bringen Tod und sind gegen das höchste Gut „Leben" gerichtet. Und das Leben – aus der Perspektive der Schöpfung oder der Stammesgeschichte - ist ein Geschenk.

Rettungsversuch

Edle Größe als mahnendes Beispiel   02.01.03

Unfälle und Katastrophen im Medienalltag sind Routine. Abgestumpftheit die Folge. Und jetzt? Silvester in Züschen:
Die Mutter ganz in der Nähe. Hilflos muss sie das drohende Unheil mit ansehen.
Ihr Kind fährt auf seinem Schlitten in die Nuhe, wird mitgerissen und verschwindet. Spontan und instinktiv, ihr Kind retten wollend, stürzte sie in die Fluten. Vergeblich. Ihre opferbereite Selbstlosigkeit zerstörte ihr eigenes Leben. In ihrem mutigen Einsatz liegt ihre Größe. Unantastbar ihre Würde. Der dramatisch tragische Rettungsversuch bleibt in unserem kollektiven Gedächtnis.

Die Naturgewalt Wasser, unberechenbar, hat einmal mehr zugeschlagen. Kinder sind unser höchstes Gut. Wann endlich begreifen dies auch die kleinen und großen Umweltsünder! Die Mutter und ihr Kind ein mahnendes Beispiel. Die Jahrhundertflut kaum hinter uns. Wetterkatastrophen vor uns. Erneut Zerstörungen allerorten. Reale Ängstlichkeiten und Angst wachsen. Hoffentlich wachen die letzten auf!
Ausnahmesituationen aktivieren unmittelbar jene natürlichen Kräfte der Hilfssolidarität in uns, die fast verloren schienen.
Umweltkriminalität und Extremismus - globalen Ausmaßes - sind die unheilvollsten Formen von Egoismus.

Sintflut-Solidarität

Sintflut-Solidarität 20.8.02

Solidarität – die Natur des Menschen in der Naturkatastrophe
Geld-Solidarität vergeht, Hilfs-Solidarität pflanzt sich ein ins emotionale Gedächtnis.

Solidarität, lateinischen Ursprungs, bedeutet u.a.: befestigen, zusammenfügen, fest, dicht, massiv, hart.
In der globalen Mediengesellschaft gewinnt dieses Wort der römischen Vergangenheit eine nie da gewesene Aktualität: Wir denken sofort an die zutiefst existentiell betroffenen Menschen in den Regionen der Jahrhundertflut und an ihren unermüdlichen körperlichen Einsatz bis zur Selbstaufopferung.
Das Wort Solidarität beinhaltet darüber hinaus eine innere geistige Dimension:
Wie solidarisch fest und dicht die Menschen in den Katastrophengebieten zusammenstehen! In einer lebensbedrohenden Notsituation entspringt spontan die Eigenschaft, die im Routinealltag fast verloren gegangen schien. Selbst die sogenannte Spaß-Generation packt kräftig mit an.
In der landwirtschaft-handwerklichen Gesellschaft früherer Zeiten (in anderen Regionen gegenwärtig nach wie vor) war wechselseitiges Helfen eine normale Alltagsselbstverständlichkeit. Bei drohendem Unwetter z.B. musste die Ernte schnell eingebracht werden. Ohne zusätzlich helfende Hände ging dies nicht.
Durch die Technisierung aller Lebensbereiche ersetzte die Maschine teils die menschliche Arbeitskraft und gemeinsames Helfen trat zunehmend in den Hinter-

grund. Helfen entspricht unserer angeborenen Natur und bewirkt Hafttiefe zwischen und in den Menschen. Die längste Zeit der Geschichte lebte die Gattung Mensch in Kleingruppen. Ernährung, Widerstand und Schutz gegenüber Feinden erforderte solidarisches Handeln und stärkte so das Wir-Gefühl.

Materieller Schaden lässt sich vielfach ersetzen, der Tod eines geliebten Menschen niemals. Das täglich aufs Neue erlebte Wir-Gefühl bleibt den Menschen dort in unsterblicher Erinnerung.

Sprachdefizite

Zunehmende Sprachdefizite - auch bei deutschen Kindern

21.12.02

Jedes fünfte Kind leidet vor Grundschulbeginn unter Sprachstörungen.

Das stundenlange, alleinige Sitzen beim Medienkonsum lassen die Kinder regelrecht verstummen. Fernsehen und Computerspiele begünstigen nicht nur körperliche und geistige, sondern auch sprachliche Inaktivität. Sprach- und Denkentwicklung hängen wechselseitig zusammen. Eine vernachlässigte verbale Kommunikation bremst die geistige, soziale und emotionale Entwicklung. Durch die „stumme" Kommunikation mit dem Bildschirm werden die Sinne des Riechens, Schmeckens und Tastens gänzlich vernachlässigt. Weil Bildschirmkonsum für Eltern bequem ist, wird ihr leichtfertig nachgegeben. In der Zeit nerven Kinder nicht. Oder Eltern glauben fälschlicherweise: Fernsehen bildet. Noch schlimmer: Wo nur ein Fernsehgerät vorhanden, schauen Kinder die Sendungen mit, die nur für Erwachsene geeignet.

Sprachliche Auseinandersetzung mit den Eltern aktiviert zum Sprechen, zum Sprachhandeln. Das wiederum wirkt denkanregend, fördert die soziale und emotionale Intelligenz.

Das Kleinkind versteht Körper- und Wortsprache des Erwachsenen, bevor es selbst zu artikulieren beginnt. Gegen Ende des ersten Lebensjahres beginnt der spielerische Umgang mit Sprache: mit Lauten, Wortstücken, unverständlichem Geplaudere. Es folgen sinnvolle Kinderwörter bis zu kurzen Sätzen. Sprechen der Bezugsperson reizt zum Nachahmen. Nachsprechen des Kleinkindes löst wiederum Sprachreaktionen der Betreuungsperson aus. In der sprachlich emotionalen Interaktion wird Begeisterungslust geweckt. Sie verstärkt Lernfortschritte. Die sensible Phase des Spracherwerbs der ersten Jahre bis zum Eintritt in Kindergarten und Grundschule sind so bedeutsam, dass entstandene Defizite später kaum mehr ausgeglichen werden können.

Staatsverschuldung

Staatsverschuldung   13.11.02

In einer warenproduzierenden Industriegesellschaft mit Überfluss fällt es schwer oder ist es unmöglich zwischen wirklichen und Scheinbedürfnissen zu unterscheiden. Was nötig ist und was nicht, lässt sich durch eine sachliche Analyse durchaus herausarbeiten.

Der Mensch oder Konsument steht in wechselseitigen Beziehungen zu seinem Umfeld. Was d e r hat, möchte ich auch. Was die Werbung als i n anpreist, ist eben in. Wer will schon out, ein Außenseiter sein!

Auf einem solchen Nährboden wächst die Anspruchshaltung – bei Kindern, Erwachsenen, Gruppen, Vereinen, Organisationen. Zahlreiche Interessengruppen stellen fortwährend wunscherfüllende Erwartungen an das Gemeinwesen: Kommune, Land, Bund. Wer am lautesten „schreit", erhöht die Wahrscheinlichkeit, seine Interessen durchzusetzen.

Eine Wahl wird von der anderen abgelöst. Parteien und Regierungen wollen ihre Macht erhalten, ausbauen oder die Macht erringen. Auf dieser Basis werden vor und nach Wahlen Versprechungen abgegeben. Von vorne herein wissen die Versprecher, dass sie die geweckten Erwartungen nicht erfüllen können oder wollen. Sie verhalten sich so kindisch wie manche Eltern: Wenn du lieb bist, kaufe ich dir ein Auto. Oder die Wahlversprecher belügen sich selbst, indem sie auf ein Anspringen der Konjunktur hoffen und sich Einnahmen vorstellen, die sie noch nicht haben. Bleiben z.B. durch Steuerausfälle die eingebildeten Einnahmen aus, weil die Konjunktur nicht anspringt, leiht man sich ganz einfach Geld. Ob die Zinslast zukünftige Generationen erdrückt, ist von untergeordneter Bedeutung, jedoch verantwortungslos.

Das finanziell nicht mehr bezahlbare marode Gesundheitswesen verdeutlicht jene Mentalität, die sich in einem wohlhabenden Land wie dem unsrigen aufgebaut hat. Keine der beteiligten Gruppen ist bereit auf Privilegien zu verzichten: Ärzte, Pharmaindustrie, Apotheker, Kunden. Über Jahrzehnte haben sie sich an die Bequemlichkeit der üppigen Einkünfte, Gewinne und Versorgungen gewöhnt. Mehrfachuntersuchungen, Bürokratien, die überflüssig sind, werden als notwendig gerechtfertigt. Freiwilliger Verzicht ist nicht möglich.

Also greift man zum Mittel der Demonstrationen und Großkundgebungen. Vergleichbar dem Verhalten eines Kindes, dem Verzichten abverlangt wird, und dann zu motzen beginnt. Aktueller Fall: Massenproteste gegen Sparpaket (12.11.02).

Strafe durch Medienmacht

Strafe –   16.08.02
Wirkungen durch Medienmacht

Das jüdische Recht des Alten Testaments und das islamische Recht der Gegenwart kannte bzw. kennt die Steinigung als Strafe für Ehebruch. Das Opfer wird bis zu den Schultern (Islam) oder bis zum Bauch (Judentum) eingegraben und so lange mit Steinen beworfen, bis es tot ist.

In einer globalen Informations-Gesellschaft wird der Schuldige symbolisch gesteinigt. Die Steine werfen zuerst die Medienleute durch Veröffentlichung von Informationen z.B. über eine Person. Der Betroffene wird nicht eingegraben. Er zieht sich ins Verborgene zurück, um von keiner Kamera ertappt zu werden. Auf die Weise gräbt er sich selbst ein.

Sollte er optisch erwischt werden, breitet sich diese Information (durch Angebot und Nachfrage der Presse- und Fernsehanstalten) unter Umständen in alle Winkel der Erde aus. Der unbedeutende Kleinsünder wird so zum Großsünder hochstilisiert. In Wirklichkeit beruht sein Fehlverhalten oft nur auf einer absichtslosen Gedankenlosigkeit. Die winzige Information breitet sich dann millionenfach wie eine Kettenreaktion aus.

Das sind die todbringenden Steine, die einen Menschen vernichten können.

Die Informations-Steine sind unmoralischer als die Handlung selbst.

Die Medien stehen in Konkurrenz zueinander in Bezug auf Schnelligkeit und Aufmachung der Nachricht. Das Medium wird dann gekauft, so hofft man, wenn die Information größtmögliche Aufmerksamkeit weckt. Mitempfindende Rücksichtnahme für den Schuldigen (und seine Angehörigen), der im Medienzentrum steht, ist von völlig untergeordneter Bedeutung.

Der Prominente gefiel sich lange Zeit im Geltungsmittelpunkt der Gesellschaft. Urplötzlich wird er als unmoralisch verdammt. Um so schmerzlicher! – auf dem Hintergrund seiner vorhergehenden Dominanzrolle.

Früher blieben kleine und große Fehlverhaltensweisen sozusagen im Dorf. Heute ist die Erde zum Mediendorf geworden. In jede Hausecke gelangt die bedeutsame oder bedeutungslose Information.

Selbst der zurückgezogene Prominente läuft Gefahr, durch ein versehentliches Wort oder eine unachtsame Bewegung zum Buhmann oder zur Buhfrau zu werden. Er wird von zig Millionen Medienkonsumenten als unmoralischer betrachtet als er in der realen Situation vorher war. Sein Minifehlverhalten war nicht fehlerhafter als das eines Normalbürgers.

Wohin treibt eine Gesellschaft, die ohne Steine steinigt?

Super-Minister

Super-Minister, 08.10.02
Doppelminister oder Minister?

Wenn die erhoffte Saat nicht aufgeht

Unwillkürlich erwartet man von einem Superminister für Arbeit und Wirtschaft Großartiges, Hervorragendes, Einzigartiges. Um im Bild zu sprechen: Wenn ein Superminister Samen sät, dann geht die Saat auf. Wie fruchtbar ist der Boden?
In einer Agrar-Gesellschaft trug der Samen reichhaltig Frucht, wenn er auf guten Boden gesät wurde. Waren die Wetterbedingungen günstig, war die Ernte gut.

In einer hochtechnisierten, rationalisierten Industriegesellschaft sehen die „Bodenbedingungen" unendlich vielschichtiger aus. Arbeitskräfte, durch Technik ersetzt, werden teils überflüssig. Weniger Arbeitslose und mehr Wirtschaftswachstum kann auch ein Superminister nicht grundlegend ändern, nur weil er einen auffälligen Namen trägt.
Nationale und internationale Konkurrenzproduzenten und Konkurrenzanbieter bestimmen den Global-Markt. Die deutschen Betriebe sind nur e i n „Samenkorn" unter unendlich vielen. Der „Produktionsboden", auf dem die „Saat" des Superministers mit dem erhofften „Super-Samen" fruchtbar aufgehen soll, ist so unberechenbar wie die Stimmungen der Menschen.
Markt lässt sich nicht wie eine folgerichtige Mathematikaufgabe planen. Markt ist nur begrenzt kalkulierbar. Er ist von der Psychologie der Menschen abhängig.

Geht die Saat nicht so auf, wie man von einem Superminister erwartet, ist die Enttäuschung größer als bei
einem Doppelminister oder Minister.

Tageszeitung

Das Dilemma   21.07.02
der Tageszeitung in der Konkurrenzgesellschaft
Die Emotionalisierung des Lesers

Etwa 52% der Jugendlichen haben einen Hang zum
Misstrauen. Die Ursachen: Wahrheit und Unwahrheit,
Wirklichkeit und Schein klaffen zu sehr auseinander:
in der Werbung, auf der Konsumebene und anderen
Bereichen.
Skandale, Unfälle, Katastrophen dringen durch die
Medien in das Bewusstsein.
Unterschiedliche Ängstlichkeiten, von Grundstruktur
und Stimmungen abhängig, lassen dieselbe Zahl an
Unfällen zahlreicher und angstbesetzter erscheinen.
Dieser Eindruck wird durch ausführliche Text- und
Bildgestaltung, durch Übertreibungen in Form und
Inhalt in nicht nur einem, sondern vielen Medien nach-
haltig verstärkt.
Medienmacher sollten sachlicher werden! Können sie
das überhaupt —angesichts der objektiven Marktkon-
kurrenz? Bei nicht wenigen geht's ums Überleben.
Tageszeitungen sind finanziell von Werbeeinnahmen
abhängig. Verschlechtert sich die wirtschaftliche Lage
der Betriebe, investieren diese weniger in Werbung. Das
Anzeigengeschäft für die Zeitungsverlage geht zurück
und damit die Einnahmen.

Um die Verkaufszahlen einigermaßen stabil zu halten, geht man einen anderen Weg. Man versucht durch veränderte Form und Farbe die Aufmerksamkeit des Lesers zu erhöhen. So soll das Produkt Zeitung attraktiver werden, um die Verkaufszahlen unter Umständen zu steigern.

Eine Tageszeitung steht in Wettstreit zur Tagesaktualität. Welche Zeitung die exklusive Information zuerst bringt, hat den Vorteil, vielleicht eher gekauft zu werden.

In dem Entscheidungskonflikt „Aufgeben oder Weiterleben" entscheidet man sich selbstverständlich fürs Weiterleben. Ein ganz natürlicher Vorgang — bei Unternehmen und bei Lebewesen!

Also entscheidet man sich für eine Veränderung, die den Leser emotionaler anspricht. Dabei lassen sich Tricks, die auf Kosten von Objektivität gehen, nicht vermeiden. Um zu überleben, ist man zu manipulativen Eingriffen, zu sachlichen Unrichtigkeiten gezwungen.

Lösung aus dem Dilemma: Verzichtet man darauf, geht man unter oder die anderen schlucken einen. Passt man sich dem konkurrierenden Trend an, hat man noch eine Überlebenschance.

Tennis-Finale

Wunder fallen nicht vom Himmel   26.01.03

Rainer Schüttler hat noch nicht ausgeträumt
26-jähriger Tennis-Profi aus Eppe als sechster Deutscher
in einem Grand-Slam-Finale

Alle Tennisträume gehen selten in Erfüllung. Niederlagen gehören zur Wirklichkeit. Oft entscheiden die Nerven, teil der menschlichen Natur, über Sieg oder Niederlage. Trotzdem bleibt Rainer Schüttler Vorbild: Er bot das beste Tennis seiner Karriere. Wir sind stolz auf „einen von uns". Empfindungen zwischen Euphorie und Traurigkeit schlagen Wellen im Gefühl, ganz persönliche: ein einmaliges Erlebnis! Öfter ein Vorbildwunder zum Entzücken macht aus grauem Alltag Sonnentage. Optimismus bringt auf Trab. Für unsere Region: Ein unverbrauchter Leitstern endlich.
Nach einer Konzentrationsschwäche im Spiel gegen Andy Roddick sagte Rainer Schüttle: „Ich konnte mich wieder zusammenreißen." Seine Willenskraft, seine Selbstdisziplin, sein Fleiß, sein Ehrgeiz und sein Talent haben ihn ins Finale gebracht. Darin ist und bleibt er Vorbild. Begabung, Glück und Nerven allein reichen nicht. Zur Weltspitze führt nicht satte Bequemlichkeit. Seine Vorgeschichte zeigt: Das traumhafte Ziel erreicht zu haben, grenzt an ein Wunder. Er hat es hart erarbeitet. Ein leuchtendes Beispiel besonders für unsere Jugend - auch in der unausweichlichen Niederlage: Ehrlich zu sich selbst.

Terrorismus

Motive des gegenwärtigen Terrorismus   13.09.02

Versuch einer Annäherung

Der noch immer gesuchte Topterrorist des 11.Septembers 2001 ist der unangefochtene Führer eines verschwörerischen Netzwerkes. Die Gruppenmitglieder, man muss sagen, s e i n e Gruppenmitglieder, haben sich seiner Person und seinen Zielen unterwürfig ausgeliefert.

Die religiös fundierte Autoritätsstruktur dieser Terrorgruppe funktioniert nach Mechanismen, die dem Menschen angeboren sind: Ein Gruppenführer mit seinen gehorsambereiten Mitläufern. Die Gruppe eint eine Feindbildidee: Die USA als Topteufel, als Ursache alles Bösen.

Es stehen sich gegenüber ein Topterrorist und in seinen Augen, ein Topteufel. Beide haben sich auf den anderen feindbildartig fixiert. Beide versuchen bis heute ihre hasserfüllten Motive rational zu rechtfertigen und Verbündete zu suchen, weil nur eins die Nervenbahnen in ihrem Gehirn besetzt hält: Die Vernichtung des anderen.

Unter welchen Voraussetzungen war der höllische Anschlag nur möglich?

Verkürzt dargestellt: Eine pathologische Idee, zwei fundamental entgegengesetzte Weltanschauungen, die hochtechnischen Kommunikationsmittel und die Fremdsteuerung von Flugzeugen.

Der Bossdrahtzieher muss irgendwann in seiner Entwicklung einen tiefsitzenden Frustrationsschmerz entwickelt haben, den er niemals hat aufarbeiten wollen oder können.

Menschliches Verhalten wird durch Triebe, Emotionalität und Rationalität gesteuert. Verhalten entsteht aus einer Vermischung all dieser Antriebe. Wobei ein Motivationsbereich in einer bestimmten Denk- und Handlungssituation an der Spitze stehen kann. Die Beweggründe des Verhaltens resultieren u.a. aus den Trieben Sexualität, Aggressivität und Macht. Traumata oder andere Einflüsse in der biografischen Entwicklung können zu krankhaften Verbiegungen der Psyche ausarten.

Das Streben nach Geltung innerhalb der Lebensumwelt ist ein weiterer Antrieb menschlichen Verhaltens. Wie stark das Bedürfnis nach Geltung zum Ausdruck drängt, lässt sich am Beispiel des Terrorismus veranschaulichen. Ohne Medienglobalität bliebe der Geltungsbedürftige lokal auf sein näheres Umfeld beschränkt. Durch die Medienglobalität gelangt sein exzentrisch krankes Verhalten sozusagen weltweit in jeden Winkel. Sein bereits vorhandenes überstarkes Bedürfnis nach Beachtung wird durch die Medien international gesteigert. Durch seinen Ruhm bildet er sich selbsttäuschend ein, sein Verhalten wäre positiv rechtens. Er verliert den Wertmaßstab zwischen gut und böse, zwischen normal und unnormal.

Bereits im Vorfeld der Tat wirkt das geplante Ereignis in der Phantasie erotisierend wie ein Machtrausch. Die Supermacht gleichsam tödlich verletzt zu haben, fixiert in seinem Gehirn die Einbildung seiner herausragenden Rolle in dieser Welt, in der die anderen die gottlosen Bösen sind. Der endliche Erfolg, den personifizierten Weltteufel USA unglaublich verletzt zu haben, weckt in ihm paradiesische Hoffnungen. Das irdische Diesseits wird zum Aktionsfeld instrumentalisiert, um das eigene beachtungssüchtigre Ego auf Kosten der Mitmenschen der Weltgesellschaft zu befriedigen.

Ohne global wirkende Medien hätte der Topterrorist geltungsarm im lokalen Umfeld lediglich ein Schattendasein führen müssen.

In welcher Lage befindet sich der amerikanische Präsident?

Der Urheber der historischen Niederlage vom 11.09.01 wurde nicht gefasst. Eine Vergeltungsrache ist zur Zeit unmöglich. Durch das unberechenbar bedrohliche Verhalten des Führers des Irak macht er sich zum Aggressionsobjekt der Regierung Bush. Da der Topterrorist unfassbar scheint, benötigt Bush ein Ersatzobjekt.

Der Mensch neigt dazu, aufgestaute Aggressionen, die er nicht an dem Verursacher abreagieren kann, gegen einen Ersatzverursacher zu richten. Der irakische Präsident, sein kriminelles Verhalten ist nicht zu entschuldigen, dient derzeit als Aggressionsventil. Ihm werden bewusst Fehlverhaltensweisen unterstellt, um eine Rechtfertigung zum Losschlagen zu haben.

Im Rudel jagende Raubtiere haben die Eigenschaft, sich ein Ersatzobjekt zu suchen, wenn sie beim ersten Beutetier erfolglos waren.

Unter den jetzigen aufgeheizten Stimmungen ist Vernunft die einzige Weltreligion, die uns bleibt.

Sensible diplomatische Gesprächsannäherungen ohne falsche Verdächtigungen und bösartige Unterstellungen sind die einzige Chance, einen unberechenbaren Krieg in dieser Region zu verhindern. Der Beginn eines solchen Rachefeldzuges kann weitere hochexplosive Pulverfässer als Kettenreaktion auslösen.

Mechanismen der Aggressivität – als größte Bedrohung

27.12.02

Wer die Mechanismen der Aggressivität kennt, weiß: Steht im Umfeld kein Aggressionsobjekt (Mensch, Tier, Ding) zur Verfügung, sucht man sich einen Ersatz für gestaute Triebenergie. Das Ersatzobjekt war ursprünglich nicht Auslösereiz für die Bereitschaft zur Aggressivität. Ein Ersatzobjekt ist besonders geeignet, wenn es in der Vergangenheit tatsächlich Anlass zur Aggressivität gab. Der kleinste unbedeutende Fehler bewirkte, dass sich der Aggressor auf das vorgeschobene Ersatzobjekt zu konzentrieren beginnt.

Ein Schwächling würde sich nicht wagen, bei gegebenen Anlass loszuschlagen.

Fixierung und Aggressionsbereitschaft sind nur bei Starken zu beobachten. Die Erfolgschance muss eindeutig sein.

Irgendwie muss sich auch der Schwache von seiner gestauten Triebenergie befreien. Aber wie? Er sucht sich ein anderes, schwächeres Objekt.

Das zutiefst verletzte Aggressionsobjekt (USA), Opfer des Terroranschlags vom 11. September 2001 musste die Tragödie der Demütigung hilflos über sich ergehen lassen. Aus diesem tiefsitzenden Frustrationsschmerz entstand aufgestaute Aggressivität, die, von Bush nachträglich sprachlich rationalisiert, als „Achse des Bösen" bezeichnet wurde. Dazu zählen all jene Personen und Staaten, die die Terroristen in irgend einer Form unterstützen. An der Spitze steht der alte Erbfeind der USA, der irakische Präsident Saddam Hussein. Erbfeind deshalb, weil Bushs Vater, Präsident während des Golfkrieges (der Irak überfiel Kuwait) Hussein nicht gestürzt hatte. Es scheint, sein Sohn George müsse dies nachholen, um seinem Vater gegenüber zu beweisen: Ich schaffe es. Du nicht.

Bush leidet unter einer Feindbildfixierung, auch wenn es gute Gründe für einen gewaltsamen Sturz Saddam Husseins gibt. Die Organisation eines Irak-Krieges ist zu weit vorangeschritten. Ein Zurück in letzter Minute ist nahezu ausgeschlossen. Bush handelt in der Irakfrage nicht aus einem seelischen Gleichgewicht. Er verhält sich wie ein Getriebener. Das ist das Bedrohliche. Selbst wenn die Waffeninspektoren nichts Verdächtiges finden, wird Bush Saddam Hussein unterstellen, die Massenvernichtungswaffen seien anderweitig versteckt. Der Krieg ist für Bush eine beschlossene Sache. Er nimmt für sich selbstherrlich und machtüberheblich in Anspruch, allein, ohne Uno-Mandat, über Krieg oder Frieden zu entscheiden.

Bislang stehen keine brauchbaren Mittel zur Verfügung, solche Regierungschefs in Zukunft durch irgend eine Methode zu verhindern.

Der Terrorismus in der gegenwärtigen Form stellt nichts anderes als eine Kanalisierung gestauter Aggressivität gegen den Starken dar, die militärische, politische und wirtschaftliche Hypermacht. Der Schurkenbestrafer USA versucht autoritär seine Machtansprüche und Normen weltweit durchzusetzen.

Therapiebedürftigkeit

Politik und Gesellschaft   29.01.03
therapiebedürftig - die Diagnose ist bekannt

Ärzte und Politiker haben gemeinsam: Sie lassen sich nicht gern in die „Karten" schauen. Bei Ärzten gibt es für den Pflichtversicherten noch immer nicht eine nachvollziehbare Abrechnungspraxis. In der Öffentlichkeit ist kaum bekannt, welche finanziellen Abfindungen Staatssekretäre und Minister erhalten. Diese beiden Gruppen könnten Nullrunden am ehesten verkraften!
Die ausufernden Ausgaben des Staates beruhen nicht nur auf Notwendigkeiten.
Regierungen, von Parteien Gnaden (nicht von Gottes Gnaden) lassen sich von Interessengruppen „melken". Daraus resultieren unnötige Ausgaben, Privilegien und Verschwendung. Die Motivation Macht, Angst vor Verlust von Wählerstimmen bewirken: Nur niemandem auf den „Schlips" treten. Daraus entstand die sprunghafte Schaukelpolitik und Konzeptionslosigkeit der letzten 100 Tage von Rot-Grün. Unberechenbarkeit und Abzocken in Häppchen ruiniert Vertrauen.
Breite Schichten haben sich an Verschwendung gewöhnt. Abstriche lösen Angst vor Verzicht aus. Nicht auszuhalten. Der Konsument verhält sich widersprüchlich: Sparsamkeit und Verschwendung in einer Person. Einerseits Sucht nach billig — andererseits teure Genusskäufe.
Die Diagnose ist bekannt. Und die Therapie? Die einzige Antwort lautet: Egoismusverzicht und Gleichgewicht im Verhalten.

Tischgebet

Pädagogische Funktion 28.11.02
eines Tischgebets - Das Wohl des Kindes hat vor
Rechtsgrundsätzen und Weltanschauung zu
stehen

Der langdauernde Tischgebet-Streit im kommunalen Kindergarten „Sonnenschein" in Bad Endbach-Wommelshausen findet kein Ende. Aus zufriedenen Sonnentagen sind inzwischen dunkelbewölkte Gewittertage geworden – vor allem für die im Spannungskonflikt stehenden Kinder, Erzieher und Eltern.
Jetzt startet der Elternverein auch noch eine Unterschriften-Aktion pro Tischgebete. Die vielfältigen Streit- und Meinungsbeiträge führten bislang zu keiner annähernden Lösung - zum Wohle der Kinder. Fundamentalistische Verhärtungen stehen im Wege.
Tischgebete haben innerhalb eines Erziehungsprozesses, völlig unabhängig von irgendwelchen Weltanschauungen, durchaus eine positive Funktion:
Erziehung im Kindergarten ist mit einem täglichen Rhythmus verbunden, der zwischen Bewegung und Ruhe, Einzel- und Gruppenaktivitäten wechselt.
In Deutschland und anderen hochentwickelten Industriestaaten überwiegt die Kleinfamilie, oft nur mit einem Kind. Soziales Verhalten in der Gruppe zu erlernen, ist daher besonders bedeutsam, vor allem im Hinblick auf die bevorstehende Grundschule: Kooperationsfähigkeit, Rücksichtnahme, Konfliktregelung, Einfühlungsvermögen und vieles mehr.
Zwischen den Kindern kommt es unvermeidlich zu Rivalitäten und Streit. Die Hemmschwellen für unkon-

trolliert aggressives Verhalten junger Menschen sind in den letzten Jahren deutlich niedriger geworden.

Einüben von Ritualen wirken ordnungsbildend und verhaltenslenkend. Ein Tischgebet als regelmäßiges Ritual, unabhängig von religiösen Inhalten, lässt die Kinder für kurze Zeit zur Ruhe kommen. Gemeinsames Sprechen stärkt die Gruppensolidarität und hat auf Rivalitäten einen besänftigenden Einfluss. Situationsangemessenes Grüßen, gemeinsame Lieder und Mahlzeiten zu bestimmten Zeiten, Anstellen, neben- oder hintereinander, bei spielerischen und sportlichen Aktivitäten, haben eine vergleichbare Funktion.

Das Gehirn des Menschen ist so strukturiert, dass es zu fundamentalistischen Übertreibungen neigt.

Tod

Möllemanns einsamer Tod   06.06.03

Der frühere FDP-Spitzenpolitiker Jürgen Möllemann ist bei einem Fallschirmabsprung ums Leben gekommen. Zufall oder Selbstmord? Kurz zuvor war im Deutschen Bundestag die Immunität des 57-Jährigen aufgehoben worden. Anschließend durchsuchten Fahnder der Staatsanwaltschaft Büro- und Privaträume, und zwar wegen Steuerhinterziehung, Betrugs und Verstoßes gegen das Parteiengesetz.

Möllemanns Leben fand ein Aufsehen erregendes Ende. Schon während seiner Studienzeit hatte er die Neigung, Aufmerksamkeit - medienwirksam zu wecken. Seine politische Vernunft wurde zu oft von übersteigertem Geltungsbedürfnis, von Geltungssucht, heimgesucht, teils hoffnungslos beherrscht.

Materielles Überinteresse führte zu undurchschaubaren Machenschaften, über moralische Grenzen hinaus. Im nutzungsorientierten politischen Geschäft steht Siegen höher als Menschlichkeit. In seiner höchsten persönlichen Not spürte er: Politische Freunde sind in Wahrheit keine Freunde. Sie sind es nur zum eigennützig egoistischen Schein. Politische Begegnungen bleiben letztlich ohne Hafttiefe. Diese brutale Erfahrung bewirkte tiefste Enttäuschung. Er wurde in seiner politischen „Gruppe" ausgegrenzt, zum Außenseiter, isoliert. Staatsanwaltliche Ermittlungen setzten ihn zusätzlich unter Druck. Das Gefühl der Sinnlosigkeit begann zu dominieren. Seine negative Empfindungswelt spaltete sich ab. Sie wurde Herr über die positive. Zwei Gefühlsbereiche im Widerstreit. Vernunft ohne Stützkraft. Klar-Sicht verschwand. Das Ende – stockdunkle Nacht.

Triebbefriedigung

Triebbefriedigung von Priestern   24.07.02
Was steckt dahinter?
Jetzt auch noch die Priester im Sog der Spaß-Lust-Gesellschaft

Priester der Katholischen Kirche ist ein Amt. Durch die Entscheidung für dieses Amt unterwirft er sich dem Gehorsamkeitsprinzip einer Hierarchie, die von oben nach untern organisiert ist: Papst-Kardinal-Erzbischof-Bischof-Priester. Wer sich dem Priesteramt unterwirft, unterwirft sich gleichzeitig dem Eheverbot (Zölibat). Keuschhheit entspricht nicht der Natur des Menschen. Eheverbot und Sexualtrieb in einer Person: Ist der Trieb tendenziell schwach, hat es der Priester leicht, dem

Zölibat Gehorsam zu leisten. Den Trieb zu unterdrücken, bedarf keiner besonderen Anstrengung. Der Priester mit dem starken Trieb, genetisch bedingt, hat es schwer. Er befindet sich häufig, je nach sexueller Gestimmtheit, in einem inneren Konflikt: Ich darf nicht. Trotzdem: Soll ich oder soll ich nicht?

Eine Frau steht nicht zur Verfügung, aber ein Kind. Wirkt die Lust (Trieb) stärker als das verinnerlichte Verbot (Moral), ist der Priester gefühlsmäßig hin und her gerissen. Wer hungert, neigt eher zum Diebstahl. Wer sexuell hungert, neigt eher zu sexuellen Übergriffen.

Bei zu vielen Vertretern der Kirche hat der Trieb zu oft gesiegt! Die armen Leidtragenden mit den psychischen Tiefenwunden! Sie wollten und sollten Vorbild sein und jetzt? Sie haben viele enttäuschend verletzt: die unmittelbar Betroffenen, die Gemeinde, die Vorgesetzten (auf der Hierarchieleiter nach oben) und alle Menschen, massenhaft viele, Junge und Alte, die es durch die Medien mitbekommen haben.

Das Sozialprestige eines Priesters hat einen hohen Stellenwert. Sein Verhalten wird noch immer zu sehr glorifiziert. Ansehen, Glorifizierung und das schlechte Gewissen der Betroffenen dienen gleichsam als Versteck, wodurch er hofft, nicht entdeckt zu werden. Wird sein Fehlverhalten offenkundig, versuchen die Vorgesetzten das Geschehene zunächst, sozusagen kraft ihrer Amtsautorität, verschleiernd zu minimieren.

Ein Verfall der Moral im öffentlichen Leben (aktuelles Stichwort: Fall Hunzinger) und in der Institution Kirche, an dessen Spitze der „Heilige Vater"(Papst) steht. Keiner erwartet von einem Priester Vollkommenheit. Die wird es nie geben.

Was erwarten wir? Ein Verhalten, das Orientierung gibt in einer komplexen Umwelt. Unsere Jugend benötigt haltgebende Vorbilder, wertachtende Steuermänner und Steuerfrauen. Von Vertretern der Kirche erhoffen wir moralische Wegweisung, keine unkontrollierte Triebhaftigkeit. Moralische Selbstkontrolle ist schwieriger als unkontrolliertes Gehen auf Abwegen.

Triebe an sich sind unsere Natur und moralisch nichts Verwerfliches. Jedoch: Triebbefriedigung, natürliche und krankhafte, darf nicht zum Leiden Unschuldiger führen. Jetzt auch noch die Priester im Sog der Spaß-Lust-Gesellschaft!

Ein in Zwangskeuschheit lebender Mensch ist anfällig für kontaktsuchende Übergriffe.

TV-Duell

Zweites TV-Duell   10.09.02
Erkenntnisbehinderung durch enggeschnürte Regeln

Ein Anfassen mit Samthandschuhen in dieser zweiten Runde überwog. Ein spontanes Aha-Erlebnis konnte beim Zuschauer nicht entstehen.

Wie gelangen ehrliche Überzeugungen unwillkürlich an das Licht des Tages?

Durch leidenschaftliche Rededuelle, ohne einschneidendes Redekorsett!

Enggeschnürte Regeln wirken wie Erkenntnisbehinderung.

Beide Duellgegner verhielten sich im Vergleich zum letzten Mal (25.08.02) lebendiger. Der Herausforderer trug das Kämpferische eher nach außen. Schröder kämpfte unsichtbarer, aber um so wirkungsvoller, nämlich mit seinen natürlichen und zusätzlich erlernten

Fähigkeiten: selbstsicher, konzentriert, schlagfertig, locker, höflich, nervenstark und zielgenau.

Stoiber dagegen hinterließ den Eindruck: zu kontrolliert, teils verkrampft, besserwisserisch. Seine teils eckige Körpersprache ist weniger elegant als die Schröders. Als Gesprächspartner strahlt er emotionale Unausgeglichenheit aus, Schröder hingegen emotionales Gleichgewicht.

Trotz des Medien-Schein-Vorteils des Bundeskanzlers habe ich mir zum Schluss die Fragen gestellt: Wer von beiden ist im politischen Arbeitsalltag entscheidungsfähiger? Wer ist glaubwürdiger? Wer bringt bürgernahe Entscheidungen energischer voran? Wer verfügt stärker über selbstlose Ausdauerkraft in einer geltungssüchtig materiellorientierten Mediengesellschaft - und wäre fähig, auf Egointeressen zugunsten des Allgemeinwohls zu verzichten?

Von Schröder werde ich oft verunsichert. Überwiegen bei ihm in bestimmten Entscheidungssituationen eher wahlwirksames Verhalten oder sachliche Beweggründe?

Übergewicht

Steigerung der Leistungsfähigkeit   24.02.03
durch eine gesunde Ernährung

Eine zu hohe Zahl von Kindern ist übergewichtig — mit steigender Tendenz. Bei den Zehnjährigen haben bis zu 40 % massiv Übergewicht.

Eine gesunde Ernährung beginnt in der Familie, bereits im Säuglingsalter. Das Angebot an industriell hergestellter Nahrung ist riesig. Schnell greift die verantwortliche

Bezugsperson zu dem, was die Nahrungsaufnahme erleichtert. Die Bequemlichkeit beginnt, Routine setzt ein und schließlich denkt man nicht mehr darüber nach, welche Ernährungsweise für das Kind gesund ist und welche nicht.

Und die Folgewirkungen? Dicke Kinder sind überwiegend ungesund ernährte Kinder: mit Stoffwechselproblemen, Diabetes, Bluthochdruck – und dies möglicherweise fortwährend über Jahre. Was sich ebenso zum Nachteil entwickelt, ist die Tatsache, dass sich eine falsche Ernährung auf Dauer negativ auf die körperliche und geistige Leistungsfähigkeit auswirkt. Und das nicht nur in der Schule, sondern im gesamten Freizeitbereich. Übergewichtige Kinder sind in den Bewegungsabläufen ungelenk, neigen zu Unsportlichkeit, werden gehänselt. Medien- und Technikbequemlichkeit verstärken die Problematik zusätzlich.

Leitmotiv für Eltern muss eine natürliche und damit gesunde Entwicklung des Kindes sein. Folgende Grundüberlegungen sind zu beachten: Wie hat sich der Mensch ernährt, bevor Nahrung massenhaft industriell produziert wurde? Unsere technologische Umwelt erzieht zu körperlicher Passivität. Also benötigt man weniger Fett und Zucker als Energiequelle. Dies ist beim Kauf von Nahrungsmitteln und der Zubereitung zu berücksichtigen.

Überversorgung

Überversorgung von Politikern   19.11.02
**An wen sollen wir glauben, wenn die Vorbilder
verschwinden?**

Doppelversorgung von Ministern (Gehalt + Abgeordnetenbezüge), beträchtliche Diäten, hohe Abfindungen beim Ausscheiden, Pensionsansprüche bereits mit 55 und weitere Privilegien – das sind Egoismen in extrem zugespitzter Form, von sozialer Gerechtigkeit meilenweit entfernt.

Die Abgeordneten, die über die eigenen Finanzen entscheiden, haben sich bislang der sprudelnden Geldquelle ohne Selbstbescheidung verantwortungslos hingegeben. Das Amt bringt Macht und das Geld zusätzliche Macht. Der Rausch der Macht und des Geldes – beide gefährliche Laster!

Zwei von drei Wählern fühlen sich von den Regierungsparteien (SPD und Grüne) nach der Wahl durch falsche Versprechungen vor der Wahl getäuscht. Vertrauen und Vorbildfunktion sind hin, und zwar für lange Zeit. Und jetzt noch eine Erhöhung der Abgeordnetendiäten? Verliert die politische Klasse den normalmoralischen Maßstab, steckt das andere Gruppen der Gesellschaft an. Diese sind längst infiziert. Der Überfluss über Jahre macht´s möglich.

Ein gerundetes Beispiel: Das Ruhegehalt eines Ministers mit 55 ist zehnmal höher als die Rente eines Arbeitnehmers mit 60. Er hat in die Rentenkasse eingezahlt und der Minister nicht. Dieses unsoziale Ungleichgewicht in einer solchen Größenordnung ist durch nichts zu rechtfertigen: 10.000 zu 1.000 Euro.

Die Glaubwürdigkeit der politischen Klasse ist inzwischen fast bei Null angekommen - angesichts eines gesellschaftlichen Umfeldes, in der Materialismus zur Ersatzreligion geworden zu sein scheint.
Die Zukunft der jungen Generation wird nicht nur durch weltweite Umweltschäden, Staatsverschuldung radikal belastet, sondern gleichermaßen durch den Mangel an Vorbildern.
Eine von Interessengruppen unabhängige Kommission, zusammengesetzt aus Normalverdienern, könnte über Politikergehälter vielleicht besser entscheiden.

Umweltgipfel

Meine Wut wächst   16.09.02
Umweltgipfel von Johannesburg

Die größte Konferenz in der Geschichte der Vereinten Nationen in Johannesburg ist zuende. Unsere geschädigte Global-Umwelt verträgt keinen Aktionsplan als Kompromisslösung ohne völkerrechtliche Verbindlichkeit! Rechtsverbindlichkeit hätte zumindest die Wahrscheinlichkeit größerer Umwelterfolge auf unserem Planeten erhöht.
Der Weltgipfel begann mit hoffnungsvollen Absichten, gleichsam wie ein Gottesdienst. Durch eindringliche Reden entstand ein schlechtes Gewissen. Man nahm sich vor, sich zu bessern. Nach Eintritt des Routinealltags wird die Selbstsucht dominieren, also egozentrische Wirtschaftsinteressen: USA und OPEC entzogen sich eiskalt dem Klimaschutz, als ob es keine weltweite Erwärmung und deren akuten Folgen gäbe. Der eine

Riese verfügt über militärische (USA), der andere über Öl-Macht (OPEC).

Der umweltkranke Patient Erde würde durch einen Irak-Einsatz zusätzlich leichtfertig gefährdet. Ganz zu schweigen von den übrigen unkalkulierbaren, physischen und psychischen Folgewirkungen.

Ein Zwergstaat hätte sich nicht gewagt, seinen Dickschädel gegen den Rest der Welt durchzusetzen. Riesen, ob im Tierreich oder in der Menschenwelt, neigen zu machtüberheblichem Imponiergehabe. Ihre Stärke macht sie blind für das Allgemeinwohl der Welt-Gesellschaft.

Die machtstrotzende USA kommt mir inzwischen vor wie ein Zyklop, dessen einziges Auge durch den 11. September, seiner tiefsten Verletzung, blind geworden ist.

Der Riese schlägt um sich, ohne Gespür für Umweltzerstörung oder Krieg.

Unehrlichkeiten

Nahrungsmittelskandale – Beginn globalen Misstrauens   19.07.02

Geschichtlich betrachtet: Lüge, Heuchelei, Betrug, Bestechung ...
Die Palette der Unehrlichkeiten im kleinen und großen Stil hat es schon immer gegeben. Diese These ist richtig. Nur – was es noch nie gegeben: Dass unsere tägliche Nahrung, unsere Lebensmittel (die Mittel zum Leben!) und damit unsere Gesundheit in einem überdimensionalen Ausmaß bedroht wird. Skandale in einer solchen Größenordnung sind nur in einer Industriegesellschaft

mit hochtechnisierten Produktionsmethoden möglich. Selbst unbeabsichtigte Fehler können zu katastrophalen Auswirkungen führen (Stichwort: Tschernobyl).
Der Anfang der Nahrungsaufnahme beim Kleinkind ist der Beginn des Vertrauens des Menschen in die Nahrung. Dieses Urvertrauen ist inzwischen auch beim Erwachsenen nachhaltig gestört. Weitere Vertrauensbrüche kommen hinzu. Wir werden tagtäglich im Schnitt mit 1.500 Werbebotschaften überflutet.
Sehr bald schon geht das Vertrauen in die Werbung verloren. Der Totalgegensatz zwischen Versprechen (Schein) und Realität (Sein) wird erkannt und zunächst als verletzende Unehrlichkeit empfunden. Leider werden Unehrlichkeiten in der Folge als Teil der Wirklichkeit wie selbstverständlich hingenommen.
Jugendliche während der Identitätsfindung suchen nach Vorbildern. Enttäuscht das Vorbild durch Unaufrichtigkeiten, verlieren sie das Vertrauen. Führende Politiker, Wahlen gewinnen wollend, halten oft nicht das, was sie im Wahlkampf versprechen. Nicht wenige Bezugspersonen bedienen sich oft ähnlicher Methoden.
Der absolut in den Alltag eindringende Konsumbereich weckt ständig Bedürfnisse. Diese versuchen junge Menschen zu realisieren. Merken sie, dass sie anfangs erfolglos waren, wird versucht zu tricksen. Also: Unehrlichkeiten auf allen Ebenen infizieren die Beziehungen zwischen den Menschen.
Betrügereien und folgenschwere Unachtsamkeiten finden fast schon gewohnheitsmäßig statt, nicht nur im wirtschaftlichen Bereich. Dadurch verlieren Schuldgefühle, die Fehlverhaltensweisen hemmen, an Wirkung.
Der Globalisierungsdruck auf das einzelne Unternehmen wird in Zukunft stärker. Dadurch steigt die Wahrscheinlichkeit von Fehlverhaltensweisen und sich einschleichenden gesundheitlichen Gefahren.

Unglaubwürdigkeit

Verdirbt Politik den Charakter?   06.10.02

Klar ist, warum der Bundeskanzler nach der Wahl die Steuerdebatte nicht beginnen durfte. Vor der Wahl hatte er sich wegen der lahmenden Konjunktur unmissverständlich gegen Steuererhöhungen ausgesprochen. Schröder besitzt die Fähigkeit, was er wie und in welchem Zusammenhang mediengerecht und mit wahltaktischem Geschick zum Ausdruck bringt.
Warum gerade die beiden SPD-Ministerpräsidenten Clement und Gabriel mit der Debatte um Erbschafts- und Vermögenssteuer begannen, verunsichert die Wähler total. Hat der Kanzler die beiden beauftragt oder taten sie dies aus Eigeninitiative? Letzteres ist höchst unwahrscheinlich! Der Anstoß zur Steuerdebatte wirkt nicht dadurch glaubhafter, dass für Erbschafts- und Vermögenssteuer die Länder zuständig sind. Doch der Beginn einer heimlichen Steuererhöhung auf Umwegen?
Oder: Wie rasch hat sich die gestörte deutsch-amerikanische Beziehung aufgehellt, ja sichtlich verbessert. „Wichtig und dauerhaft" nannte Bush kürzlich das Verhältnis. Warum so unmittelbar nach der Wahl? Reiner Zufall? Vor der Wahl hörten wir ein eindeutiges Nein zu einem Irak-Krieg aus dem Munde des Bundeskanzlers. Alles nur Wählerstimmen fangende Wahltaktik? Die bohrenden Zweifel bleiben. Haben wir einen Bundeskanzler wiedergewählt, der seinem Ruf als Medienkanzler weiterhin voll inhaltlich maßlos gerecht wird?
Hinzu kommt das Desaster der Verschwendungsmentalität des Staates. Die deutschen Behörden haben im

vergangenen Jahr nach Schätzungen des Steuerzahlerbundes wieder mehr als 30 Milliarden Euro „zum Fenster rausgeworfen".

Diese wenigen aktuellen Fallbeispiele verstärken weiterhin die Unglaubwürdigkeit von Politik und den Spruch „Politik verdirbt den Charakter".

Aus Verantwortung gegenüber zukünftigen Generationen haben wir eine saubere Umwelt und gesunde Staatsfinanzen zu hinterlassen. Genauso bedeutsam sind die geistigen Werte der Berechenbarkeit, der Glaubwürdigkeit und des Vertrauens. Die politischen Vorbilder von heute beeinflussen positiv oder negativ die politischen Vorbilder von morgen.

Vorbildfunktion entspricht der Natur des Menschen. Glaubwürdigkeit und Vertrauen sind Orientierungsmaßstäbe, besonders für junge Menschen. Eine Gesellschaft ohne haltgebende Vorbilder kränkelt. Wenn zunehmend egoistische Maßstäbe dominieren, wird der „Mensch dem Menschen zum Wolf".

Unterrichtsqualität

Unterrichtsqualität   29.08.02

Je größer der Unterrichtsausfall, desto mehr leidet die Unterrichtsqualität. Eine unbestrittene Tatsache! Unterrichtsausfälle sind durch die jetzige Landesregierung nicht beendet, jedoch deutlich verringert worden. Positiv! Negativ bleibt, dass sich an den Klassengrößen nichts Wesentliches geändert hat. In einer kleinen Klasse herrscht tendenziell mehr Ruhe, der Lehrer kann sich dem einzelnen Schüler stärker zuwenden, Konzentration ist eher möglich.

Effektives Lernen, also Leistungsfähigkeit und soziales Verhalten, steht und fällt mit der Klassengröße.

Fakt ist: Die Zahl der verhaltensauffälligen Schüler hat dramatisch zugenommen: Etwa 46% leiden unter Konzentrationsproblemen und ungefähr 40% können nicht still sitzen. Störendes Schülerverhalten reduziert die Qualität von Unterricht. Die Ursachen liegen im gesellschaftlichen Umfeld und in der Erziehung durch das Elternhaus. Lehrer haben damit zunächst nichts zu tun.

Die Zahl der erziehungsunsicheren Lehrer im Alter um dreißig, hat sich, trotz Ausbildung, ebenfalls erhöht. Auch darunter leidet die Unterrichtsqualität.

Lehreraus- und Weiterbildung muss an diesem Punkt ansetzen: Wie lässt sich das Lehrerverhalten unter dem Aspekt von Unterrichtsqualität verändern?

Die junge Lehrergeneration, in der Wohlstandsgesellschaft aufgewachsen, ist vielfach unsicher, nach welchen Wertmaßstäben man erziehen soll. Sie neigen zu sehr zum Nachgeben und können sich Schülern gegenüber zu wenig durchsetzen.

Beispiel: Eine Klasse wird regelmäßig, ohne Stundenausfall, unterrichtet. Trotzdem kann die Qualität des Unterrichts (im Sinne eines geringen Lernerfolgs) leiden. Warum? Das störende Schülerverhalten ruiniert die Lernatmosphäre, so dass Konzentration kaum möglich ist. Andererseits weiß der Lehrer nicht, wie er mit diesem negativen Verhalten umgehen soll.

In der Praxis spricht man vom konsequenten und inkonsequenten Lehrer.

Der konsequente ist erziehungssicher, der inkonsequente erziehungsunsicher.

Konsequenz zu lernen, ist möglich. Aber unendlich schwer, wenn man diese Eigenschaft nicht bereits in diesen Beruf mitbringt.

Wir alle wissen: Es gibt Menschen, die sich leichter durchsetzen können, andere, denen es schwerer fällt.

Unvernunft

Mensch - ohne Vernunft   23.12.02

Einige Überlegungen: Gäbe es die Vernunft im Menschen, gäbe es keinen Mord von Menschen an Menschen. Einen Menschen zu töten – kann das vernünftig sein? Wer dies bejaht, hat sich von unserem biologischen Erbe der Tötungshemmung entfernt. Ist das Gen „Tötungshemmung" inzwischen abartig mutiert? Die Wirklichkeit scheint dies bei einer großen Zahl von Menschen zu bestätigen. Das zeigt die Erfahrung in Kriegen.

Meine Beobachtungen: Die Erfindung und Produktion von Werkzeugen und Waffen entspringen dem Verstand, der sich im Überlebenskampf der Stammesgeschichte entwickelt hat. Wäre die Vernunft - vor der Ideenrealisierung - beteiligt, würde der Mensch die Verwirklichung von Waffen im Vorfeld verwerfen. Nur: Der Rausch der Idee ist emotional so stark, dass denkbare Konsequenzen entweder nicht gesehen oder verdrängt werden.

Wer behauptet, der Mensch verfüge über Vernunft, ist ein idealistischer Schwärmer und erhebt den Menschen über das Tier. Tiere sind instinktgebunden. Daher weniger gefährlich? Ja, ihr Verhalten lässt sich einschätzen. Der Mensch ist auf Grund seiner Psyche unberechenbar. Alle Raubtiere zusammen sind weniger gefährlich als der Mensch. Denn der Mensch allein bedroht unsere (jetzt spreche ich aus der Sicht der Tiere) Lebensgrundlage Erde. Er zerstört und vernichtet. Warum?

Das Gemisch aus emotionalen Antrieben und Verstand wirkt in Konflikten wie ein Pulverfass. Der kleinste Funke löst die Explosion aus. Sie kann verheerend sein. Wäre jetzt der Verstand stärker als die Triebe der Aggression und Macht, verfügte der Mensch zusätzlich über Vernunft. Vielleicht schafft dies irgendwann eine sich aus der explosiven Vernichtungsbedrohung entwickelnde Weltethik!

Einsicht und Erkenntnisfähigkeit haben sich im Gehirn zeitlich zuerst nach der Triebdynamik entwickelt bzw. installiert. Ohne Triebe geht es nicht: Der Mensch könnte sich nicht fortpflanzen, nicht durchsetzen, nicht überleben.

Nur mit Verstand ausgerüstet, wäre er ein bemitleidenswertes Gehirnbündel ohne Sexualpotenz, liebes- und hassunfähig. Dynamisch wird er erst durch die Triebkraft.

Seine Vernunft begänne, hätte sich gegenüber den Antriebskräften gleichsam durchgesetzt, wenn man sich nicht vor den Gefahren der Zerstörung der eigenen Lebensgrundlagen weiterhin ängstigen müsste.

USA - Deutschland

Beziehung zur USA – zweierlei Maß   26.09.02
**Vertrauen und Misstrauen wechseln so
unberechenbar wie das Blatt im Wind**

Eine Freundschaftsbeziehung entsteht zunächst durch Sympathie. Beide Partner sind gleichberechtigt. Werden Konflikte offen und konstruktiv gelöst, festigt dies die

Beziehung. Konfliktfähigkeit ist eine wesentliche Eigenschaft zur Erhaltung der Freundschaft. Eine Seite darf ihre Interessen nicht egozentrisch auf Kosten der anderen durchsetzen. Interessensverzicht und Nachgeben zugunsten des anderen ist ein weiteres Element, das eine Freundschaft ausmacht.

Die deutsch-amerikanische Freundschaft ist eine politische Beziehung. Historisch begann sie mit der Beseitigung der Naziherrschaft im Zweiten Weltkrieg.

Seit dem 11. September 2001 proklamierte der amerikanische Präsident die „Achse des Bösen". Sie beinhaltet das Motto: Wer nicht für uns ist, ist gegen uns. Dieses fundamentalistische Alles oder Nichts kann nicht Basis für zwei Partner auf gleicher Augenhöhe sein. Auch wenn der eine als „großer Bruder" bezeichnet wird. Der Größere in der Beziehung verhält sich wie der Große, der den Kleinen durch Alleingänge unterdrücken will. Durch solche Verhaltensweisen wird sowohl eine Alltagsfreundschaft als auch eine politische destruktiv gestört.

Die Republikaner, Bushs Partei, hoffen, mit einer harten Linie gegenüber dem Irak, die Kongresswahlen zu gewinnen. Al Gore, ehemals unterlegener Gegenkandidat Bushs, wirft diesem vor, dass es kein Gesetz gebe außer dem Gutdünken des Präsidenten der USA. Schröder war in seiner Irakpolitik nicht frei von Wahlkampfinteressen. Bush ist es ebenso wenig. Zweierlei Maß für eine Freundschaft?

Wie rasch sich die angeblich vergiftete Verstimmung aufzulösen beginnt!

Zweckinteressen stehen eben höher als verletzte Eitelkeit!

Vertrauen und Misstrauen wechseln so unberechenbar wie das Blatt im Wind.

Vergeltungsprinzip

Das Vergeltungsprinzip   29.10.02
führt niemals aus der Hassspirale der Gewalt
Strukturen des Terrorismus

Terrorismus ist Ausdruck menschlicher Triebenergie, eine kanalisierte Leidenschaft, die Zerstörung ohne Schuldgefühle ansteuert. Sie wirkt immer antigesellschaftlich. Somit ist sie gegen Mensch und Natur gerichtet und damit unnatürlich und sozialfeindlich.
Denken und Handeln der Terroristen wird zum einzigen Maßstab. So total, dass im Gehirn gleichsam kein Raum bleibt für schmerzlichst Leidende, deren Qualen die Terroristen in ihren Empfindungen gänzlich unberührt lassen. Sollte für Momente Mitleiden aufkeimen, werden diese Regungen durch den Gruppenzwang und das falsche Bewusstsein erstickt.
Der Nährboden ist eine verwundete oder eingebildet verwundete Seele. Der tiefsitzende Frustrationsschmerz dockt an eine Weltanschauung an, die die eigenen Wertmaßstäbe selbstherrlich eindimensional erhöht.
Die Weltkriege der Vergangenheit waren flächenübergreifend. Der gegenwärtige Terrorweltkrieg kann jederzeit an jedem Ort urplötzlich vernichtend zuschlagen. Er setzt die Betroffenen und Entscheider in einen totalitären Ausnahmezwang.
Durch modernste Vernichtungs- und Kommunikationstechnologie werden Geschwindigkeiten des Explosiven erzielt, die die sensible Psyche der Opfer durch den Druck zu zersprengen drohen. Es besteht nicht der geringste Hoffnungsschimmer, wenn die Interessen von Geiselnehmern und Staatsmacht aufeinander prallen. Gesichtsverlust will keiner wagen. Ein Nachgeben der

Staatsmacht würde von der Weltöffentlichkeit als Verstärkung des Terrorismus empfunden. Sofortige Hassvergeltungsbereitschaft verhärtet die vereisten Fronten. Bewusstseinsverirrungen, Machtgelüste, Geltungssüchte, Selbstvernichtungsbereitschaft und Medienaufmerksamkeit steigern die inhumane Gefährlichkeit.

Lösungsansatz: Eine Weltethik, die um Überwindung von Extremarmut, Fundamentalismus und Annäherung an soziale Gerechtigkeit nachhaltig bemüht wäre, hätte langfristig eine minimale Chance, Terrorismus zu reduzieren.

Verletzlichkeit

Verletzlichkeit und Tragik bleiben   02.02.03

US-Raumfähre abgestürzt.
Columbia zerbrach in 60 Kilometern Höhe — Sieben Astronauten getötet.
Die hochkomplizierte elektronische Vernetzung und Steuerung einer Raumfähre birgt ein erstaunliches Maß an Sicherheit. Dennoch bleibt die Fehlerwahrscheinlichkeit ein tödliches Risiko. Die Spezialisten in den Kontrollzentren sind diesbezüglich im wahrsten Sinne des Wortes — machtlos. Fehler mit Katastrophenfolgen werden oft zu spät erkannt. Zurück bleiben unvermeidliche Schocks.
Ein erneuter schwerer Frustrationsschmerz für die USA nach dem 11. September. Eine stolze Nation muss zwei Schicksalsschläge in kurzen Abständen ertragen. Ein unermesslicher Emotionsdruck entsteht. Mit welchen Auswirkungen?

Kommt es zu einer raschen Aggressionsentladung oder nicht? Wird der Irak-Krieg jetzt um so schneller beginnen? War der Columbia-Absturz die Fortsetzung weiterer Katastrophen?
Neugier und Fortschritt sind positive Antriebskräfte. Hingenommen werden müssen: Unfälle, Tod und zerstörerische Dramen. Die Komplexität moderner Kommunikationsgesellschaften bleibt letztlich punktuell unbeherrschbar. In der Überforderung des Menschen liegt seine Gefährdung. Die Betroffenen in Gegenwart und Zukunft können sich der Tragik niemals entziehen.

Versagen

Menschliches Versagen   04.07.02
eine immer größer werdende Gefahr

Fluglotse – ein Stress-Job

Unfälle mit katastrophalem Ausmaß in einer hochtechnisierten, spezialisierten Industriegesellschaft häufen sich besorgniserregend oft. Die Ängstlichen leiden am stärksten.
´Menschliches Versagen´ oder ´Versagen des Menschen´ bedeutet inhaltlich dasselbe. Die Ausdrucksweise „menschliches Versagen" empfinden wir weniger hart. Spontan vermuten wir hinter einem solchen Fehlverhalten keine Absicht. Wir neigen unmittelbar dazu, diese Schwäche zu verstehen, aber nicht zu entschuldigen.
Angesichts eines verheerenden Megaunfalls wird menschliches Versagen zu einem unmenschlichen Versagen. Was versagt, ist das Unvollkommene der menschlichen Existenz. Entsprechend wird vom physi-

schen und psychischen Versagen gesprochen. Die Versager, wir alle, sind unserer Natur gemäß fehlerhaft.

Die Arbeitssituation eines Fluglotsen ist nicht zu vergleichen mit einem Bildhauer. Die Bildschirmkommunikation läuft verstärkt über die optische Wahrnehmung. Sie ist individuell sehr unterschiedlich belastbar. Ein Beruf, der konzentriertes, ausdauerndes Beobachten abverlangt, gibt es so erst in der Gegenwart. Er entspricht nicht unserer angeborenen Natur. Bei körperlicher Arbeit, die mit unserer Natur übereinstimmt, kann man eine durchschnittliche Belastbarkeit länger folgenlos aushalten.

In der Entwicklung des Menschen diente das Sehen ursprünglich dazu, Nahrung zu finden, Artgenossen zu erkennen und Feinde rechzeitig wahrzunehmen.

Die winzige Detailbeobachtung eines Fluglotsen über einen zu langen Zeitraum kann, je nach augenblicklicher emotionaler Befindlichkeit, schnell erlahmen und zu unaufhaltsamen Tragödien führen.

Es kam mal wieder alles zusammen, lautet die umgangssprachliche Formel.

Nachlassende und nachlässige Konzentration in einem solchen Job kann, aber darf nicht sein. Der Supergau eines zweiten Tschernobyl bleibe uns erspart!

Lösungsansatz: Routine schwächt die Aufmerksamkeit für Gefahren. Jeder Einzelne in diesem Arbeitsbereich hat die höchstverantwortliche Pflicht, täglich übersensibel „ans Werk" zu gehen.

Verschwendung

Grundgedanken der Verschwendung   05.10.02

Der Mensch ist ein Leben lang von Wünschen erfüllt. In einer Wohlstandsgesellschaft wachsen nach einer Wunscherfüllung neue. In Mangelsituationen sähe das anders aus. Wünsche haben und Wünsche erfüllen kommt unserer angeborenen Neigung entgegen. Geld stimuliert das Bedürfnis nach mehr.

Beispiel: Ein Kind verfügt über einen bestimmten Betrag Taschengeld. In den folgenden Jahren müssen sich Eltern immer wieder mit der Forderung nach Erhöhung auseinandersetzen. Wer den Wunscherwartungen nicht konsequent standhält, gerät in den Sog der Steigerung. Im schlimmsten Fall verschulden sich Eltern, nur um den Wohlstandsinteressen ihrer Kinder gerecht zu werden.

Im Staat ist es ähnlich. Deutschland ist eins der reichsten Länder. Geld verführt zum Ausgeben, Reichtum zur Verschwendung. Die Debatte um Steuererhöhungen beinhaltet letztlich Ansprüche des Bürgers an den Staat und umgekehrt: fordernde Erwartungen des Staates an seine Bürger. Die ausufernden Ausgaben beruhen nicht nur auf Notwendigkeiten, sondern ebenso auf Verschwendung. Die deutschen Behörden haben im vergangenen Jahr nach Schätzungen des Steuerzahlerbundes wieder mehr als 30 Milliarden Euro zum Fenster rausgeworfen. Wie Taschengeld erhaltende Kinder leichtfertig das Geld ihrer Eltern ausgeben, so der Staat die Steuern seiner Bürger.

Die vielfältigen Interessengruppen stellen unaufhörlich Wunscherwartungen an den Staat. Die Regierung versucht, die Erwartungshaltungen tatsächlich zu befriedigen oder arglistig den Eindruck zu erwecken dies zu tun. Hier liegt die Ursache für Wahlbetrug. Würde ein Regierungschef vor der Wahl charakterstark eindeutig ja zu Steuererhöhungen sagen, würde diese Information durch die Medien verbreitet. Er müsste befürchten, nicht wiedergewählt zu werden. Wahlen zu gewinnen, ist sein Ziel, begünstigt jedoch Doppelzüngigkeit und Unglaubwürdigkeit.

Medien verstärken die Erwartungshaltungen der Interessengruppen an den Staat, allein durch die Informationsweitergabe. Ein Politiker, von den Medien kontrolliert, ist in seinem Reden und Handeln von ihnen übermäßig abhängig. Er will gegenüber seinen potentiellen Wählern in positivem Licht erscheinen. Das zwingt zum Nachgeben gegenüber Wunscherwartungen.

Ein irrsinniger Zwiespalt. Wäre er vor der Wahl ehrlich, würde er nach der Wahl wegen seiner Ehrlichkeit bestraft. Ist er aus taktischen Gründen unehrlich, wird er wegen seiner Unglaubwürdigkeit bestraft.

Als Regierungschef hat er ja nicht nur die Erwartungshaltungen der eigenen Wähler zu berücksichtigen, sondern gleichermaßen die seines Koalitionspartners und anderer Interessengruppen. Diese unzähligen, teils gegenläufigen, meist materiellen Wunscherwartungen an den Staat und seine Behörden treibt ihn in Verschwendungssucht und Verschuldung.

Die Hauptursache sind letztlich die egozentrisch ausufernden Bedürfnisse des Menschen, als einzelner und als Gruppe. Für Wünscherfüllungen gäbe es nur eine Schranke: Selbstbeschränkende Sparsamkeit aller. Das grenzt an Utopie!

Verschwendungsmentalität

Entwicklung 13.11.02
zur Verschwendungsmentalität

Mit dem Prozess der arbeitsteiligen Wirtschaft schritt die Rationalisierung weiter voran. Parallel dazu verlangte das Wachstum der Bevölkerung eine Steigerung der Produktion, um die zunehmenden Bedürfnisse zu befriedigen.

Historisch betrachtet, war Werbung zunächst nur wertneutrale Information über das Produkt. Später erst entwickelten sich übertriebene, die Realität der Ware positiv, teils falsch darstellende Slogans. Werbung hatte einzig und allein das Ziel, den potentiellen Käufer zum Kaufen zu reizen.

Im Verlauf der fortschreitenden industriellen Produktionsweise wurde das Angebot an Waren vielfältiger, bis hin zu Massenprodukten der Gegenwart mit geringster Qualität. Das änderte das Verhalten der nachfragenden Konsumenten. Sie begannen mit Billigprodukten gleichgültig umzugehen. Alle Gesellschaftsschichten wurden von der Wegwerfmentalität mehr oder weniger ergriffen.

Diese steigerte sich zur maßlosen Verschwendung. Anschaulicher: Im Emotionalen baute sich eine Haltung auf, Dinge unbedacht liegen zu lassen, zur Seite zu legen oder wegzuwerfen.

In einer hochindustriell kapitalistischen Gesellschaft ist Geld nichts anderes als eine Ware, mit der man je nach Interessenlage beliebig umgeht. Verfügt man über eigenes oder fremdes Geld in einem bestimmten Umfang, neigt man dazu, es auszugeben. Je nach Gefühlsbedürfnis erhöht sich die Ausgebebereitschaft.

Menschen, Organisationen, Parlamente und Regierungen, die über fremdes Geld verfügen (z.B. Mitgliedsbeiträge, Spenden, Steuereinnahmen, ...) verlieren im Laufe der Zeit die Fähigkeit zum Sparen, tendieren zu überflüssigen Ausgaben bis hin zur Verschwendung.
Vom Konkurrenzprinzip in der Wirtschaft werden auch die Verbraucher erfasst.
Das neueste Handy zu besitzen, treibt zum Kaufen an. Viele verschulden sich für das, was, unter sachlichen Erwägungen betrachtet, nicht notwendig ist. Das Alte hätte ausgereicht. Der Markt suggeriert unnötige Bedürfnisse, Scheinbedürfnisse, die das Kaufverhalten beeinflussen. Die meisten Autofahrer kaufen auf Pump, nur um auf dem aktuellen Stand der Technik zu sein. Die Beispiele lassen sich unendlich fortsetzen.

Verzichtfähigkeit

Insolvenzen – Pleitenrekord –   05.12.02
Verzichtfähigkeit

Starke Eigenkapitalrücklagen sind der beste Schutz

Deutschland eines der weltweit reichsten Länder? Ja - noch! Zahlungsunfähigkeit des Staates? Noch nicht! Insolvenzen? Hinsichtlich aller diesjährigen Pleiten steht Deutschland innerhalb Europas vorne. Es zählt zu den Schlusslichtern bezüglich seines Wirtschaftswachstums. Firmenzusammenbrüche und Verbraucherinsolvenzen im zurückliegenden Jahr umfassen über 80.000. Zusätzlich: Um die 3 Millionen Haushalte sind überschuldet. Kernaussage: In Zeiten guter Konjunktur sinkt die Anzahl der Firmenpleiten nur leicht. Das bedeutet? Die

Hauptursache liegt also nicht allein in schlechten Konjunkturbedingungen, sondern in der schwachen Eigenkapitalbasis. Und die Hintergründe: In einer Gesellschaft, in der ein Überangebot an Waren und Geld herrscht, unterliegen die Menschen millionenfach den Verführungsreizen. Die Macht des Genießens ist stärker als selbstkontrollierendes Verzichten. Konsum als Wirtschaftsanreiz ist fraglos notwendig. Konsum durch Kredite überaus fragwürdig. Überschuldungen bis zur Maßlosigkeit sind die Folgen. Jugendliche im Schuldensog ruinieren leichtfertig ihre Zukunft!

Wann und wo setzt man sich die Grenzen? Konsumieren und Investieren ohne Rücklagen treibt in gefährliches Fahrwasser. In einem Wohlstandsumfeld wird dem zurückhaltenden Verzichter schnell der Stempel des Sonderlings aufgedrückt. Vernunft wird zur Skurrilität abgewertet. „In" sein ist mehr als mausgraue Unauffälligkeit. Aggressives Einwerben in neueste Trends oder manipulatives Aufschwätzen von Krediten zum Beispiel sind nicht die feine Methode, um verzichtstark zu bleiben.

Starke Eigenkapitalrücklagen sind der beste Schutz. Sie verlangen das schwierige Verhalten des zeitweiligen Verzichtens. Unternehmer, Haushalte und Privatpersonen geraten ohne Eigenkapital in der Flaute - noch schneller ins überschuldete Abseits.

Für ein Umdenken ist besonders Weihnachten geeignet. Der Religionsstifter Jesus hat seine Aktualität behalten: Er war mutiger Glaubensoptimist mit Vorbildeigenschaften: verhaltensänderungsbereit und verzichtfähig.

Eigenkapitalbasis:

Bei hohem Preisniveau nimmt die Gesamtnachfrage ab. Sie ist in einer bestimmten Phase geringer als das Angebot. Nach einer Preissenkung schließt sich die nächste an, wenn die Nachfrage nicht zunimmt. Keine oder eine zu geringe Nachfrage ruiniert auf Dauer das Unternehmen. Im andauernden Prozess des Preisverfalls und mangelnden Ertrags wird die Tilgung von Krediten immer weniger möglich. Hat ein Unternehmen eine starke Eigenkapitalbasis kann es Flauten sicherer überbrücken.

Mangelnde Eigenkapitalbasis vieler Betriebe in den Industriestaaten bedroht unsere Weltwirtschaft. In den Ländern USA, Japan, Deutschland sind die Löhne vergleichsweise zu hoch. China, Mexiko, Osteuropa zum Beispiel stellen Waren bei gleicher Qualität viel billiger her. Unternehmen in den Industriestaaten sind zu Preissenkungen gezwungen. Einnahmeverluste führen zu Entlassungen. Insolvenzen und Konkurse sind die Folgen. Betriebe mit unzureichenden Einnahmen können ihre Kredite plus Zinsen nicht zurückzahlen. Zinsen fressen die Unternehmen. Firmenpleiten nehmen zu. Droht eine Weltwirtschaftskrise? Die Gefahr besteht. Die Börsen haben ihre Talsohle noch nicht erreicht. Die Unternehmen der Neuen Ökonomie sind weitgehend abgestürzt, und zwar auch wegen fehlenden Eigenkapitals.

Wahlkampf

Wahlkampfleckereien –   20.11. 02
ewiger Wahlkampf

Ständig sind irgendwo in der Republik Wahlen. Wahlbezogenes Denken und Handeln sind Politikern in Fleisch und Blut übergangen. Das hat sie mehr und mehr der Ehrlichkeit entfremdet. Verlorengegangen ist ihnen das Feingefühl für den Grenzbereich: wann und wo endet Ehrlichkeit und wann beginnen die Tricks. Sie sind zur Normalität ausgeartet. Rückradstarke Sachentscheidungen rücken dadurch in der Rangfolge nach hinten. Wahlsieg hat Vorrang. Medienmittelpunkt reicht nicht, Medienschau bis zur aufdringlichen Maßlosigkeit ist vonnöten. „Ewiger Wahlkampf" und die Sucht nach Medienaufmerksamkeit erziehen zur Unehrlichkeit.

Politiker, Unternehmen, Werbung ununterbrochen, präsentieren sich das ganze Jahr über als „Christkind": durch kleine und große Geschenke. Interessengebunden erhoffen sie sympathische Aufmerksamkeit. Auch wenn die Präsente in vielen Fällen überflüssige Verschwendung darstellen. Politiker wünschen sich Wählerstimmen, Unternehmen Kaufanreize.

Zweckgebundene Wahlgeschenke setzen sich fort in Privilegien und Subventionen. Die Verschwendungsmentalität hat alle Schichten und Gruppen erfasst. Jetzt stehen wir allenthalben erschrocken vor leeren Kassen und wissen nicht ein noch aus.

Weihnachtsleckerein schon Anfang Oktober führen zur Entwertung von Weihnachten und landen meist reizlos im Müll. Wahlkampfleckereien das ganze Jahr über gleiten ab in Inflation von Politik und Politikern.

Wählertäuschung

„Ewiger" Wahlkampf　　　　　　　　　27.12.02
verhindert wahres und klares Regieren

Weniger Wahltermine verringern Wahlkampftäuschungen

Politiker präsentieren sich während des „ewigen" Wahlkampfs wie Anbieter von Waren – bis hin zur einwerbenden Anbiederung.
Wahlgeschenke werden (sprachlich) reizvoll verpackt (schöner Schein). Der Inhalt (Machbar- und Finanzierbarkeit) wird bis zur Unkenntlichkeit zugedeckt (zerredet). „Verpackungszauber" hat Vorrang. Entscheidungen – Tatsachen und Wahrheiten – werden gut gelaunt lächelnd (mediengerecht) verschoben. Die innere Stimmungslage eines Wahlkämpfers: Er lügt sich in die eigene Tasche. Soll heißen: Er verdrängt und verschweigt schmerzliche Wahrheiten, nur um gekauft (gewählt) zu werden.
Bundeskanzler Schröder präsentiert sich entweder im Medienmittelpunkt oder als medienaufmerksamer Ideengeber. Seine politische Fernziel-Linie bleibt im Nebel. Sach- und Entscheidungsautorität verlangt erkennbare Linienführung - ohne Tricks und Täuschungen. Vertrauensverlust in der Vergangenheit durch substanzlose Medienäußerlichkeiten macht misstrauisch. Vertrauen in der Gegenwart ist nur wiederherstellbar durch klare und wahre Zielkonzeptionen mit verantwortlicher Rückradstärke.
Eine Zusammenlegung von Wahlterminen auf einen Tag in der Mitte zwischen zwei Bundestagswahlen würde Wahlkampftäuschungen deutlich verringern.

Wertechaos

Raubüberfälle –   19.12.02
Wertechaos zu Weihnachten

Der Eindruck: Die „hastig improvisierten Überfälle auf kleinere Banken oder Tankstellen" nehmen zu - vor allem bezüglich des Verhaltens der Täter: Idee, kurz überlegt, Mütze, Pistole, los geht's, Hauptsache ein paar Euro. Dieser Eindruck scheint mit dem bundesweiten Trend überein zustimmen. Besorgniserregend ist vor allem der wachsende Anteil junger Menschen an Ladendiebstählen und Raubdelikten. Und die Hintergründe? Unsere Verschwendungsgesellschaft und ein ungefilterter Medienkonsum mit Gewaltinhalten senkt die Wertachtung gegenüber fremdem Eigentum und Menschen - und fördert so das Überspringen von Gewissensbarrieren. Wertorientierende Leitlinien gehen zusehends abhanden. Fehlverhaltensweisen werden von zu vielen mit Leichtigkeit ohne Schuldgefühle praktiziert. „Du sollst nicht stehlen", „Du sollst nicht töten" – wen kümmert´s! Aktuelle Fälle: Das Internet als Kontaktquelle für Gehirnverirrungen mit barbarischen Folgen (Kannibalismus). Geiselnahme eines Juweliers gestern in Mainz, dem man einen Sprengstoffgürtel umlegte, der sich als Attrappe erwies. Wertechaos!
Weihnachten, das Fest des Friedens, geht auf den gewaltlosen Religionsstifter Jesus zurück. Seine Botschaft hat in der Vergangenheit bei Menschen durchaus Hemmungen gegenüber Gewalt bewirkt, Gewaltbereitschaft positiv in Friedfertigkeit umgelenkt. Kreuzzüge und Religionskriege konnten seine Botschaft nicht verhindern.

Auch in Zukunft wird es Gewalt und Kriege geben, und zwar so lange der **Aggressionstrieb in den Genen** des Menschen gespeichert bleibt. Vielleicht kommen wir irgendwann mit einer friedensstiftenden **Weltethik** weiter, die Gewalt, Terrorismus, Armut und Überbevölkerung stärker zu beeinflussen vermag.

Eine Erziehung zur Verzichtbereitschaft und Aggressionskontrolle ist der erste Schritt zu diesem globalen Fernziel.

Werteverlust

Werteverlust –   23.07.02

Was hat der Fall Hunzinger und Scharping gemeinsam? Hunzinger streitet jede politische Einflussnahme ab. Scharping bekommt den Zapfenstreich.

Eine materielle Reizgesellschaft mit ausufernder Verschwendungs- und Anspruchsmentalität: Das sind unsere gegenwärtigen Lebensumstände.

Extremsponsering dieses Ausmaßes war in einer materiellen Mangelgesellschaft früherer Zeiten unmöglich.

Hier und heute verschieben sich die Wertmaßstäbe ins Wertkranke. Was haben die Wertkalten Hunzingers und Scharpings verloren? Ihr natürliches Wertempfinden. Zumindest im finanziellen Bereich.

Wie es im persönlichen Nahbereich aussieht, verbirgt sich dem Medienkonsumenten. Vorsicht vor dem Instinkt einiger Medienmacher! Sie bedienen sich der Methoden der optischen Fälschungen, um die Verkaufszahlen zu steigern (Stichwort: Retuschierkunst. Körperdoubles). Ob das „Bild", was sie uns von Hunzinger und Scharping vermitteln, realitätsgerecht ist, muss bezweifelt werden. Was Wirklichkeit und was Schein ist, lässt sich oft nicht mehr auseinander halten.

Tricksereien sind fast schon ein Massenphänomen geworden.

Ein überdeutlicher Verlust an Wertempfinden ist nicht nur bei materiellgeilen Vorteilsmenschen zu beobachten, sondern ebenso bei einigen Medienmachern.

Entweder treibt sie die eigene Kariere oder die ihres Mediums an. Oder methodische Täuschungen ihres Publikums sind für sie zur Alltagsroutine geworden.

Mit welchen Wirkungen? In einer globalen Medienwelt breitet sich die Unmoral der Tricks und der Bestechungen wie eine x-beliebige Information aus.

Widerstand

Massenhaftes Aufbegehren gegen imperiales Gehabe   16.02.03

Die Zeiten der Herrschenden sind vorbei, in denen willige Mitläufer und Untertanen ihnen blind gehorchten. Das machtvoll massenhafte Demonstrieren vom Wochenende war ein millionenfaches Aufbegehren gegen einen drohenden Irak-Krieg. Hoffentlich nicht ohne Wirkung auf arrogante Gehirnstrukturen einiger diktatorisch Mächtigen. Bisherige Vasallen der US-Regierung sollten ihr einseitiges Verhalten überdenken! Die despotischen Grausamkeiten Saddam Husseins im eigenen Land und sein teuflisches Spiel mit der Weltgemeinschaft müssen gestoppt werden. Nicht jedoch durch die einzige Alternative – Krieg. Diplomatische und undiplomatische Druckmittel, Kontrollinstrumente sind vorerst der vernünftigere Weg.

Die US-Administration kennt nur eine starre Richtung: Krieg, seit langem beschlossen. Eine maßlose Propagandaschlacht, voller Verdächtigungen, wird weltweit mobilisiert, um Staaten und Menschen herablassend unter das US-Diktat zu beugen.

Nicht Antiamerikanismus war das Hauptmotiv der Demonstranten, sondern die ständigen Drohgebärden Bushs: Notfalls im Alleingang, ohne Rücksicht auf Verbündete, die UN, internationales Recht und die Opfer. Gewalt als einziges Mittel zur Abschaffung einer Diktatur und zur Einführung der Werte „Demokratie und Menschenrechte" macht die Supermacht moralisch unglaubwürdig. Um so mehr, da sie kein Einfühlungsvermögen für andere Strategien zeigt. Zwanghaftes Erstarren im Denken und imperiales Gehabe stoßen ab.

Wohlstandsverzicht

Wohlstandsverzicht   16.08.02
zugunsten unserer Kinder und der Natur

Die zunehmend übermächtige Dominanz der Wohlstandsmentalität führte dazu, dass die Natur und das Verhalten des Menschen aus dem natürlichen Gleichgewicht geraten sind.

Erleichterung der Arbeit war die entscheidende Motivation für die Entwicklung unserer hochtechnisierten Industriegesellschaft. Der hemmungslos zügellose Ausstoß von Treibhausgasen und die damit verbundene Erderwärmung bewirkten weltweit sintflutartige Wetterkapriolen mit den gewaltig monströsen Folgeschäden. Hinter dem Antrieb von Produktion und Überproduktion steht das angeborene Bedürfnis des Menschen nach Haben und Mehr-Haben. Einmal befriedigt, sucht der Mensch nach neuen Reizen: Noch mehr Haben. Haben und Immer-Mehr-Haben bezieht sich nicht nur auf Konsumgüter, Geld und Besitz. Die verschiedenen Triebe einzeln und vermischt steuern unser Verhalten: Nahrungs-, Sexual-, Aggressions- und Macht-Trieb. Nach einer Triebbefriedigung baut sich ein neues Bedürfnis auf. Der Mensch neigt zur grenzenlosen Triebbefriedigung, in materieller und emotionaler Hinsicht. Jüngere, noch voller Energie, stärker als ältere. Ausbeutung der Rohstoffe für die ausufernde Bedürfnisbefriedigung hat unsere natürlichen Lebensgrundlagen tief verwundet: Die Seele der Natur blutet unaufhörlich. Gegen diese Erkrankung gibt es bald keine heilende Therapie mehr. Kurzfristige Linderung durch Zupflastern und Verdrängen der Wirkungsursachen reicht nicht aus.

Die mächtigen Entscheidungsträger in Wirtschaft und Gesellschaft besonders - und wir als Konsumenten sollten nicht vergessen, unsere Kinder zu lieben. Wenn wir sie wirklich lieben, müssen wir, weitblickend, auf einen Teil unseres Wohlstandes zugunsten einer lebenserhaltenden Umwelt verzichten.

Zappelphilipp

Kinder leben zu oft   05.03.03
wie eingesperrte Wildtiere im Zoo

Aktivität als Therapie gegen Hyperaktivität

Das Bewegungsbedürfnis, ein naturgegebener Trieb, ist bei Kindern besonders stark. Energiestaus streben nach entspannender Befriedigung. Werden sie nicht ausreichend abreagiert, kanalisieren sie sich in zunehmender körperlicher Unruhe.
Diese Unruhe äußert sich in unterschiedlichen Formen: Kinder können sich nicht konzentrieren, sind unordentlich, rutschen auf ihrem Stuhl hin und her, springen spontan auf, laufen unruhig hin und her, klopfen auf den Tisch, nehmen dem Sitznachbarn etwas weg, schubsen, stoßen, rempeln, schreien plärren usw. Aufmerksames Arbeiten während des Unterrichts ist nur sehr eingeschränkt möglich.
Die Zahl der Kinder, die in der Schule nicht ruhig sitzen können, schätzt man gegenwärtig auf etwa 40%. Die Extremfälle bezeichnet man als Zappelphilippe.
Deren Zahl hat in den letzten Jahren erschreckend zugenommen. Gesicherte Erkenntnis ist, dass für ein solches Syndrom eine genetische Bereitschaft besteht. Nur: Erziehung, Familie und Umwelt beeinflussen nachhaltig, wie sich diese Veranlagung zur Hyperaktivität ausformt.
In einer agrarisch-handwerklichen Gesellschaft fielen solche Kinder weniger auf. Aktives Mithelfen von klein auf, Spiel und Bewegung im Freien waren eine tägliche Selbstverständlichkeit.

Bereits Grundschüler verbringen durchschnittlich neun Stunden am Tag im Sitzen und nur eine in Bewegung. Artgerecht wären dagegen vier bis fünf Stunden!
Heute sitzen Kinder und Jugendliche bis zum 18. Lebensjahr 18.000 Stunden vor einem Bildschirm und 15.000 Stunden in der Schule. Unter den verhaltensauffälligen und verhaltensgestörten Kindern leiden Lerndisziplin und Lernerfolg aller Schüler in Deutschland. Wenn von den 18.000 Stunden der körperlichen Passivität nur die Hälfte für motorische Bewegungen ausgefüllt würde, stellte sich Hyperaktivität als nicht so dramatisch dar und die Chancen für eine angemessene Entwicklung wären größer.

Zickzack-Kurs

Menschen erwarten   02.02.03
von einer Regierung glaubwürdige
Berechenbarkeit

Die Berliner Regierung hat versagt

Die Hauptursachen liegen in der unkalkulierbaren Rot-Grünen Schaukelpolitik der letzten Monate. Sie wurde total abgestraft. Menschen erwarten von Ihrer Regierung zielgebende Orientierung. Ein Zickzack-Kurs wirkt verheerend, finanzielle Abstriche in Häppchen schmerzlich.
Der Wahlsieg der CDU musste so kommen. Koch (Ministerpräsident von Hessen) zeigte regierungsfähige Entschlossenheit mit Erfolgen (z.B. in der Schulpolitik). Das stärkt die Glaubwürdigkeit. Wulf (CDU, Gegenkandidat zu Gabriel in Niedersachsen) profitierte

ebenso vom Chaoshandeln der Bundesregierung. Gabriel (Ministerpräsident) hoffte auf Wählerstimmen, indem er durch Gegenvorschläge zu Schröder und Rot-Grün zusätzlich verunsicherte.

Beide, Koch und Gabriel, schönten Erfolge, Misserfolge verschwiegen sie. Kredite und Schulden wuchsen. Glaubwürdigkeit verfehlt!

Die Grünen profitierten als Friedens- und Umweltpartei von der Irak-Krise und der Klimakatastrophe.

Die FDP wurde von Frau Wagner (stellvertretende Ministerpräsidentin) verlässlich repräsentiert.

Landespolitische Themen waren leider relativ wirkungslos.

Zukunftsvorstellungen

Shell-Studie-   25.08.02
gesellschaftliche Hintergründe

Ergebnis einer Befragung von mehr als 2500 Jugendlichen zwischen 12 und 25 Jahren.

Welche Eigenschaften und Zukunftsvorstellungen junge Menschen entwickeln, ist neben den Erbanlagen auch von den Umwelteinflüssen abhängig.

Unter welchen Lebensbedingungen, mit welchen Wirkungen sind die Jugendlichen der Schell-Studie (und deren Eltern) aufgewachsen?

Relativ normale Familienverhältnisse vorausgesetzt, hier einige wesentliche Strukturmomente: <u>Die Jugend blickt optimistisch auf ihre persönliche Zukunft.</u> Wünsche und Erwartungen werden in der Wohlstandsgesellschaft überwiegend erfüllt. Das stärkt die positive

Lebensgrundstimmung. Wirkliches Verzichten musste nicht gelernt werden.

<u>Selbstbewusst, leistungsbereit und pragmatisch:</u> Anstrengung ja, wenn sie dem eigenen Vorteil dient. Sie sind im Lebensumfeld gesellschaftlich aktiv, wenn dies mit persönlichem Nutzen verbunden ist. Ist kein Nutzen erkennbar, sinkt die Leistungsbereitschaft.

Mädchen sind ehrgeiziger als Jungen. Bewusstseinsblockaden, die Mädchen im Erziehungsprozess benachteiligen, haben sich deutlich reduziert. Unser Bildungssystem bietet ihnen gleiche Chancen.

Eine erfolgreiche Interessensdurchsetzung im materiellen Bereich hat Jungen und Mädchen spontaner und damit selbstbewusster werden lassen. Stimmungen, Gefühle und Gedanken werden nicht zurückgehalten, sondern offener ausgedrückt. Dadurch treten sie ungehemmter, sprich naturgemäßer, auf.

<u>Familie und Kinder sind für das persönliche Glücklichsein notwendig:</u> Das entspricht der Biologie des Menschen. Vereinzelung in der Singlesituation wirkt psychisch belastend und ist unnatürlich.

<u>Rückgang des Interesses an Politik:</u> Rasche Bedürfnisbefriedigung dominiert vor komplexen Themen wie Politik. Vertrauensverlust gegenüber gesellschaftlichen Institutionen und Personen ist nur allzu verständlich. Enttäuschte Versprechungen in Politik und Werbung schaffen Misstrauen. Unwahrheiten lassen an Vorbildern zweifeln.

<u>Grundüberlegungen:</u> Wohlstandsverzicht bedeutet weniger Verbrauch von Rohstoffen und schont die Umwelt. Es wäre von großer Zukunftsbedeutung, wenn es gelänge die Jugendlichen zu stärkerem Konsumverzicht zu erziehen.